U0922622

广西一流学科——民族学学科建设经费资助

广西高校人文社会科学重点研究基地
——中国南方与东南亚民族研究中心经费资助

广西壮族自治区“广西与东南亚民族研究”
人才小高地经费资助

“广西特聘专家”专项经费资助

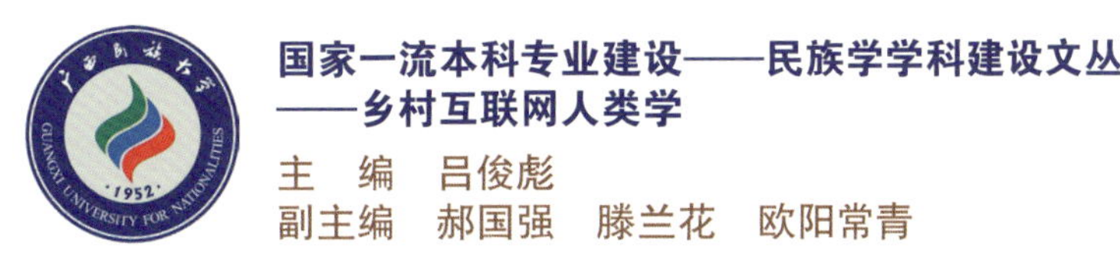

国家一流本科专业建设——民族学学科建设文丛
——乡村互联网人类学

主　编　吕俊彪
副主编　郝国强　滕兰花　欧阳常青

新文化空间的重塑与创新

以广西簕山古渔村为例

杨琴　等著

广西民族文化保护与传承研究中心资助项目成果
项目编号：2019KFYB02

广西哲学社会科学规划研究课题成果
批准号：20FMZ056

2019年度广西高校中青年教师科研基础能力提升项目成果
项目编号：2019KY0203

民族出版社

乡村社会文化是共识性与历时性并存的，农民既讲究与自然相和的“风水”，也重视与人文相和的“耕读”，这种过去与现代并存的状态赋予乡村一种“新文化空间”，它由生计模式、生活方式、网络文化空间构成，展现了乡村社会的科技性、开放性、娱乐性、自觉性等新风尚。

——秦红增

那些人、那些景、那些事，满载着爱和故事，归去！愿大海继续眷顾善良勤劳的人民，愿文化情怀洒满乡村大地，继续守护这片家园。

——致敬梁云，一个民间文化人

总　序

中国长期居于世界农业人口规模行列，乡村是理解中国及其政治、经济、社会、文化等各个领域的关键，因此人类学 / 民族学引入中国后，乡村便成为研究的焦点。早在 20 世纪 30 年代末至 40 年代初，费孝通就撰写出《江村经济》《云南三村》《乡土中国》等经典著作，以及根据他和当时云南大学同事们的乡村调查研究成果编译的英文著作 *Earthbound China*（《土地束缚的中国》）在国外出版，提出了著名的“乡土中国”理论。此后，乡村一直被人类学家和民族学家作为重点调查研究对象，开展了多视角、多领域、多议题的调查研究，积累了蔚为壮观的学术成果。

进入新时代后，互联网迅速从城市向乡村延伸。据中国互联网络信息中心（CNNIC）发布的《2022 年中国农村互联网进展状况调查报告》显示，截至 2022 年 12 月底，中国农村网民已经达到 10681 万人，首次超过一亿，而且网民规模仍在持续增长。互联网在乡村的逐渐普及，悄然改变着乡村的面貌和村民的生活，从村民的信息获取方式和范围的变化、互联网经济的生长，到乡村的社会转型、文化变迁、基层治理模式创新，有力推动乡村振兴和乡村现代化进程。

郝国强教授及其团队继承广西民族大学人类学和民族学的优良传统，凭借青年学者的锐气和活力，敏锐地捕捉到乡村互联网发展这一新动向、新趋势，及时地把我国互联网人类学研究从虚拟社区转到现实社区、从城市转到乡村，并运用人类学的学术理念和研究方法，调查研究互联网在乡村的应用及其社会文化意义，形成一批较为系统的研究成果，编辑成《乡村互联网系列丛书》出版。

这应该是国内学界第一套运用人类学的理论和方法研究互联网与乡村社会文化的丛书，其开拓创新意义无需多言，其有待提高深化之处也在所难免。我真诚希望，郝国强教授及其团队再接再厉，继续推进乡村互联网人类学研究，不断强化问题意识、深化田野调查、提升分析水平，推出具有学术创新意义和实践应用价值的学术成果，为助力乡村振兴、中国式现代化及人类学和民族学的发展，做出更大的贡献！

何　明

2023 年 7 月 7 日草于昆明东效寓所

目　录

绪 论

第一节 研究背景

乡村是中华文化的根基，中华文化的积淀始于中国悠久的农耕文明和传统文化中的“乡土性”特征。党的二十大提出加快建设农业强国，扎实推进乡村产业、人才、文化、生态、组织振兴，为中国式现代化进程中乡村“何去何从”的问题做了进一步阐释。乡村社会不仅承载着农业生产和农民生活，是中华优秀传统文化“根”与“魂”传承沃土，也是传统性与现代性交织的重要空间，新时代乡村文化空间传承创新在一定程度上与乡村振兴互为补充，是建设农业强国，实现乡村物质文明与精神文明相协调，推动乡村社会和谐发展的重要基础。

很长一段时间，人们总是将“乡村”与“落后”等词联系在一起，也常常将“村落”“农村”与“乡村”的概念混淆。“村落”是乡村人口聚集的空间，而“乡村”经历了复杂而曲折的转型与重构，是中心与边缘、传统与现代、城乡二元的交织。对“乡村”内涵的曲解，使得“乡村”自身所具有的独特资源与发展能力，以及“乡村”的多样性、独立性和能动性无法得到应有的体现。[①] 2021 年 4 月 29 日颁布的《中华人民共和国乡村振兴促进法》，将乡村定义为“城市建成区以外具有自然、社会、经济特征和生产、生活、生态、文化等多重功能的地域综合体，包括乡镇和村庄等”，这是中国首次在法律层面对乡村这一概念进行界定。

---

① 胡晓亮、李红波、张小林、袁源：《乡村概念再认知》，《地理学报》2020 年第 2 期。

“乡村”是孕育乡村精神、培育乡村产业、传承乡村文化的空间，需要从内涵和外延上厘清“乡村”这一概念，具体来说体现在以下三点。**一是内涵上，所涉及地域范围更为广泛，推动城乡边界的融合。**“村落”是人类聚落发展过程中的一种较早和较初级的形式，是由相对稳定的人口长期居住在一定的地域范围内形成的一种聚落生活共同体。“村落”的最基本形态是自然的，即“自然村”或传统的村落。[①]而“乡村”是乡下的“村落”，是以从事农业为主的地区，一般指非城市人口，也可以是城市新农人，因此“村落”是“乡村”的聚落部分，与“乡村”是部分与整体的关系，前者是点，后者是面。与此同时，相较于“村落”“农村”，“乡村”不太过分注重传统与现代边界的区隔，试图突破“城市”与“乡村”的二元边界。**二是功能上，推动传统农耕向现代产业转型，实现乡村多样性与整体性转变。**生计方式是乡村社会的核心，农村地区传统“日出而作、日落而息”的“小农经济”模式正逐步被规模化生产、产权管理与融合交易的“大农经济”模式所替代。“乡村”的职能由单一农业生产为基础的聚集地，向农业产业化、乡村休闲产业化、乡村功能多元化、城乡一体化的整体性方向转变。**三是意义上，凝聚文化的情感与价值认同，凸显“乡土性”。**“乡村文化”与“农村文化”所指存在差异，这源自“乡村”与“农村”所承载的不同文化意涵。“农”这个字古时指与士农工商等阶层并列的一个阶级群体，而在当代，“农村”更多了一层政治意味，“乡”则带有家乡、乡愁之意，因而多了一分文化与情感因素。[②]从学界的角度，乡村比农村具有的价值更为中立，撇开了政治权力对文化的附着，更能体现中国悠久的农耕文明和中国传统文化中的“乡土性”特征。[③]

近代以来，中国乡村发展曲折跌宕，对于乡村的认知与取向也几经变化，由

① 陆益龙：《农村社会学》，中国人民大学出版社，2019。

② 陈彪、曹晗：《乡村文化振兴的空间与进路——兼谈文旅乡建》，《社会科学家》2022年第8期。

③ 赵旭东、孙笑非：《中国乡村文化的再生产——基于一种文化转型观念的再思考》，《南京农业大学学报（社会科学版）》2017年第1期。

全盘否定到利用论，由单向度逐步转向为多向度。乡村是集生产、生活、生态等功能于一体的空间，乡土文化是农业文明的精粹，是人类千百年智慧的留存，具有广泛性、根基性、不可替代性的地位和价值。**首先，乡村文化兼容“大传统”和“小传统”依附性与互动性。**乡村文化与城市文化紧密相连，随着城乡人口、资金、技术等要素的流动，传统与现代文明的碰撞与交流，乡村的开放性日益增强，乡村文化的继承者和接受者既有当地乡民，也有乡村新移民、各类人才、企业家、志愿者、游客等群体。乡村文化在城乡一体化的进程中，留存了农村“小传统”的精华，同时吸收“城市精英”为代表的“大传统”文化内涵。**其次，乡村文化兼具内源性与传承性。**乡村是在顺应天时地利的精耕细作生产方式上内在形成的文化生活方式，滋养着中华优秀传统文化的生长，根植于中国人的血液之中，是中华民族文化精神的重要特征，是凝聚民族情感，加强文化认同，实现文化传承的重要方式。乡村文化是保证中国文化具有独立的文化价值并重获世界尊重认同的必需条件。[①] 站在新的历史方位，我们既要重视乡村文化振兴的宏大叙事，也要重视乡村文化振兴的点滴细节。那么，我们在重新理解乡村与乡村文化的基础上，在中国式现代化大背景下如何实现乡村文化的重塑？在其重建与更新的过程中，乡村文化又如何为振兴乡村注入灵魂？

为回应上述问题，笔者的导师秦红增带领同门长期耕耘在乡村文化研究的第一线，积累了大量素材。在导师的指引下，笔者从 2012 年起关注海外渔村社会研究，因缘巧合，于 2018 年起在广西防城港簕山古渔村开展长期的田野调查，搜集了几十万字的田野笔记，希冀通过人类学的深描，解剖政策引导、时代指引下的传统中国边境的渔村文化传承和发展的新空间重塑过程。

① 刘忱：《乡村振兴战略与乡村文化复兴》，《中国领导科学》2018 年第 2 期。

第二节 研究回顾与理论关照

一、百年乡村建设回顾与经验

纵观我国百年乡村建设历程，学界和政界对乡村文化的认知与取向大致经历了六个发展阶段。**其一，否定论**。鸦片战争至新中国成立以来，中国社会逐渐形成了以工业化和城市化为主导的救亡图存思潮，传统乡村文化被视为导致中国贫穷落后的根源，被批判甚至全面否定。特别是传教士、早期来华学者、中国早期本土知识分子的批判与改造思想，以及“文化大革命”时期“破四旧”等方式使得乡村文化传统受到极大冲击。**其二，忽略论**。改革开放至党的十六大以前，在以经济建设为中心的时代背景下，工业化和城市化进程不断加快，学界和政界的关注点都集中在城市经济发展，对农民和农村文化相对忽视。工业化和城市化的快速推进出现了对土地、人力和原材料等资本要素的极大需求，但在城乡二元经济体制的束缚下，因家庭联产承包责任制而得到极大生产力解放的农村，却只能沦为城市工业化过程中单向度的资源要素供给者，无法分享城市发展的好处，而在农村资源向城市大量转移过程中“三农”问题日渐凸显——“农民真苦、农村真穷、农业真危险”。特别是作为改革开放前沿的广东省，其城市发展的“虹吸效应”极大地加剧了珠三角地区和粤东西北农村地区的发展差距，这一阶段对于乡村的关注主要集中在经济发展和社会稳定。**其三，利用论**。党的十六大报告提出，积极发展文化事业和文化产业，深化文化体制改革，农村文化建设由此被当作乡村文化产业资源和乡村治理的重要工具。同时，2006 年全面取消农业税对于农村外部环境和地方政府行为都造成了深远影响，农村文化成为一种地方经济发展的有利资源，以“文化搭台、经济唱戏”的形式被改造和利用。地方政府转向以乡村文化为基础打造产业项目。2003 年 9 月，《文化部关于支持和促进文化产业发展的若干意见》将文化旅游业明确为文化产业组成部分后，农村文化作为文化旅游资源被大量开发，历史文化街区、物质文化遗产、非物质文化遗产都被纳入旅游开发的重要资源，同时将乡村文化作为乡村治理的重要手段。2005 年，党的十六届五中全会提出“社会主义新农村建设”后，“生产发展、生活富裕、乡风文明、村容整洁、管理民主”的新农村建设要求被明确。其后，中共中央办公厅和国务院办公厅联合出台《关于进一步加强农村文化建设的意见》，提出了农村公共文化建设和农村公共文化服务体系的重要理念及战略构想。**其四，保护论。**党的十六大明确了文化事业与文化产业的区分，为不同类型文化保护提供了坚实的理论基础和政策依据。在联合国文化多样性要求和我国农村社会发展需求的双向推动下，文化保护得到了政府和学界的高度重视。2004 年我国加入《保护非物质文化遗产公约》及 2005 年国务院办公厅出台《关于加强我国非物质文化遗产保护工作的意见》后，以非遗保护为中心的文化多样性保护加快，以冯骥才、刘铁梁为代表的学者开始关注民间文化，强调开展民间文化普查和抢救工作的重要性。**其五，灵魂论。**党的十八大以来，党中央将推进城乡发展一体化作为解决“三农”问题的根本途径，大力开展美丽乡村建设，明确提出了“乡风文明”的具体要求。党的十九大提出了乡村振兴战略，除了将“乡风文明”列为乡村振兴战略总要求之一，还明确了“乡风文明是保障”的重要定位，将文化振兴作为整个乡村振兴的灵魂所在。**其六，产业论。**《中共中央 国务院关于做好 2022 年全面推进乡村振兴重点工作的意见》（2022 年中央一号文件）提出，启动实施文化产业赋能乡村振兴计划，加强农耕文化传承保护，推进非物质文化遗产和重要农业文化遗产保护利用。随着社会对乡村文化的关注，乡村文化功能的重要性逐步在学界和政界受到重视。文化的重要性在乡村建设中更多被当作功能性，是实现乡村建设目标和效果。

二、国外乡村发展与文化传承的研究

如何促进乡村文化发展和缩小城乡差距，已成为全世界各国关注的难题。20 世纪 70 年代开始，发达国家普遍出现了“逆城市化”趋势，乡村似乎逆向成为宜居之地。90 年代之后，越来越多的人加入了追求“乡村田园诗”般生活的队伍，重铸了乡村活力。大规模城市化并不意味着完全、彻底的城市化，乡村仍旧存在，并发挥着重要的生产生活功能。农业产业化被认为是1945—1980年的英国“乡村性”的简写，即生产主义乡村。然而，强烈的生产主义逻辑和行为，导致了无论生产性农业还是生产主义乡村均遭遇了致命的危机，出现农业生产过剩、乡村环境恶化、劳动力不断减少、乡村福利下降等问题。由此，西方发达国家普遍开始反思大规模城市化式发展模式，重新定义乡村存在的意义以及乡村的未来。

英美学术界对乡村发展理论的创新，主要是提出了“后生产主义乡村”这一理论概念，但并没有对其内涵展开深入细致的讨论，而仅仅是一种比较笼统的说法，意指乡村的消费、生态、休闲等新角色和功能。至于“后生产主义乡村”的类型，大多数研究都直接引用特里·马斯顿（Terry Marsden）“分化的乡村”四种理想类型，具体指：①保存的乡村，主要是希望乡村地区仅提供休闲产业以及住宅的开发；②竞争的乡村，主要是大都市圈的通勤区，新老居民往往会对该地区的发展有不同的意见；③世袭的领地，主要是大片的私人土地与农庄；④依附的乡村，包括发展迟缓地区或其他缺乏开发条件之偏远乡村地区。这四种分化的类型主要来自英国乡村实证的观察，这无疑有助于我们更好地了解发达国家乡村的具体变迁过程。对于乡村转型机制研究，马斯顿提出从生产—消费关系、社会关系与社会行动、制度与权利的社会性构建等几个方面来考察，这与保罗·克洛克（Paul Cloke）和马克·古德温（Mark Goodwin）提出以规制理论为基础，从三个维度——经济变迁（economic change）、社会文化重组（socio-cultural recomposition）以及国家角色的再设计（re-engineering the role of the state）来评估转型的意图差不多。对比我国新时代人民日益增长的美好生活需要和不平衡不充分的发展之间的矛盾特征，相契合的乡村文化发展与文化资源传承的理论现状是当代学者应该探讨的重要方向。

三、国内学者关于乡村社会与文化的认识

学界对乡村文化的论述，主要是从文化的功能、作用及影响等方面展开的。

具体的切入角度则分为两个基本维度：整体性文化功能论述、特定对象或特定功能的论述。其中，整体性切入视角主要涉及对乡村文化、民俗文化、民族文化等内容的整体性文化功能认知；特定对象或功能切入视角则主要是对祠堂、仪式等具体对象文化功能的分析，或特定文化的某项特定功能的分析。

（一）整体性视角探讨村落文化

对乡村文化的整体论述主要集中在民俗学、人类学和民族学等学科，重视对文化整体功能的探讨。人类学的村落社区研究传统，使学者们高度重视村落社区文化所具有的功能和影响。以自然村为单位的传统文化活动，如庙事、社火、红白事等，不仅能培养村庄集体认同和行动能力、凝聚村庄社会资本、充实村庄治理资源，而且能构建乡村精英生产机制，满足村民精神文化需求，有效推动乡村文化建设和治理结构优化（刘超，2015）。社会学和其他相关学科更加注重乡村文化在治理方面的功能，认为农村文化对农村基层治理具有十分重要的积极影响。乡村公共文化在社会发展中既承担着大众娱乐职能，也发挥着社会教育、政治动员、凝聚价值认同等社会治理功能（巩村磊，2010）。20 世纪 90 年代以来，我国乡村文化变迁明显，对村落的社会关系、风俗习惯都产生了较大影响，村落社区文化共同体重塑、农民文化主体性培育、传统文化再生与公共文化空间重构、乡村文化生态重建，都需要对传统文化在社区治理中的功能进行充分挖掘（陈波，2015），要充分发挥好宗教、礼仪、宗法和道德等各种形式的农村文化对维护农村社会稳定的积极作用（党国英，2015）。

（二）特定对象视角探讨文化的功能

首先是对乡村文化特定功能的关注。乡村文化对农村社会变迁、生产生活等各方面都会产生很大的影响，这种隐性功能会影响到民族地区移民模式的形成（刘朝晖，2005），对农业科技推广实际效果也有着很大的影响（姜英杰，2007）；同时，乡村文化变迁还会影响到特定的群体，随着现代化进程中功利文化的膨胀、城市文化的强行介入以及传播媒介的多元化渗透，我国传统的乡村文化发生深刻变化，这些变化势必影响乡村少年的道德成长与学习生活（王作亮，2011）；返乡创业群体也受到乡村文化变迁的巨大影响，农村学习文化、农村政策执行文化、农村信息文化、农村亲情文化和就业文化在一定程度上决定了这一群体的行为取向（周宇飞，2017）。其次是对特定文化设施或对象的文化功能的关注。从 1998 年贵州省六枝特区梭嘎乡建立中国第一座生态博物馆后，人们开始关注以生态博物馆为代表的特定文化对象的社会功能（周真刚，2002），农村原有的祠堂、学校等文化设施的相关功能也开始引起人们的重视；丁峰（2018）以浙江文化礼堂为例，探讨文化礼堂对规范乡村文化秩序、打造农民精神家园、提供农民参与的公共空间，具有重要的意义。最后是对特定文化活动或文化旅游功能关注。迟燕琼（2008）强调节日是人类社会各个族群普遍传承的一种重大的显性文化事象，是最具地方特色、蕴含丰富意义的文化符号，对于民族主体文化形成和族群行为规范与族群凝聚具有很强的作用；王三北（2008）认为发展社区旅游，不仅对民族传统文化具有较强的传承功能，并且这种功能随旅游业的发展能够自行升级演进；蔡小于（2011）指出乡村旅游的本质属性在于乡村文化，它可以有效满足旅游者所追求的文化体验和精神陶冶；谭英（2018）指出了“家文化”在美丽乡村建设升级过程中的中心地位，认为美丽乡村建设应当以乡土文化为载体，充分发挥“家文化”的推动作用；夏小华（2021）提出乡村文化振兴要确定农民在乡村的主体地位；秦红增（2016）提出乡村社会文化是共识性与历时性并存的，农民既讲究自然相和的“风水”，同时也重视与人文相和的“耕读”。这种过去与现代并存的状态赋予乡村一种“新文化空间”，让时下的农村有了质的变化，使村落不仅仅有传统的耕作，还拥有各式各样的田园景观和人文精神，构成一种人类发展的可能路径与前景。

（三）村落整体视角乡村文化空间传承

政府新农村建设和美丽乡村建设等顶层设计，对乡村社会文化建设提出更高的要求。随着乡村社会生产生活方式的变化，需要重视强化村落文化促进村落认同和发展（吴理财，2011），乡村文化以村落结构和生活方式、社会氛围为依托，同时应加强优秀村落公共空间保护与再利用。鲁可荣（2016）也指出，村落公共空间是乡村文化传承和村落共同体延续的重要载体，只有多元主体的文化自觉及协同参与，重构村落公共空间，才能更好地促进乡村文化的传承以及为村落可持续发展提供内在的精神动力。对一般社区而言，除了上述涉及的村落生活方式改造、村落公共空间重构，社区自治（杜敏，2008）、社区文化扶贫（辛秋水，2010）、社区主体性培育（魏智慧，2015）也被认为是乡村社区文化传承的有效途径。

第三节 主要概念及研究方法

一、章节概述与思考

一般而言，在政治、经济和社会维度上，城市文化空间与乡村文化空间是有机联系、互相影响的。中国因悠久的农耕文明、广大的耕地面积以及众多的农业人口被称为农业大国，乡民与自然环境的多重性交互，也为乡村建立了形态丰富的乡土文化——自由和谐的自然环境是乡村生存和延续的物质基础，传统的乡村社会中人们日出而作、日落而息，尊重自然、与大自然的节律相一致，天人合一。改革开放以后，乡村地区被卷入市场经济体系，中国的经济建设开始大幅度依赖农村地区人口作为劳动力。新中国成立后，国家政权体系深入乡土社会，设立了基层政权组织，因而乡村政治空间与生活结束了数千年来“一盘散沙”的状态。在古代，“皇权止于县政”，即“乡”不是国家官僚机构的一部分，而是类似于国家行政组织的社会组织，“县”是国家官僚体制下的最底层，“县”之下的“乡”是自治的行政体制，由强有力的国家机器整合起来，最终调试出我国特有的基层自治体制与模式。但在特定的历史时期，由于国家权力的介入，城乡空间也会陷入相对割裂的异化状态。依靠这套政权体系，国家从乡村社会汲取大量资源，支援了城市建设和工业发展。大多数乡村生活的乡民受传统的中庸、仁爱、和善、礼教等基本价值观和忠义守信、以和为贵的道德行为规范，而乡里之间的关系由于传统社会的“安土重迁”而守望相助、互助互惠。宗族制度构建了传统的行为规范和价值体系，血缘、地缘、姻缘建构了传统的交往模式和生活模式，乡村民俗和民间信仰构建乡村特有的文化形式，物质基础、乡风文明、乡村次序已成为建构乡村社会特有的文化空间。

中国的城市建设是以城市生产和城市工业为主的物质建设，兼具以城市精神和人文为主的文化建设的功能。城市文化空间基于市场化经济的不断发展，逐渐扩展到市民与城市生活关系更为密切的基础文化空间，具体即可表现为各类的基础设施上，这些基础设施如街区、社区和建筑空间等，构成了城市的基本文化空间。然而中国的现代城市与农业文明、农耕文化有着悠久的密切关系。我国的城市一般都有比较悠久的历史，尤其是古都西安、洛阳、杭州、南京等，都是有着上千年历史的城市，这些城市与建立在农业文明基础上的文化有着十分密切的关系。中国城市文化空间的巨变源自 1980 年以来现代交通和信息的快速发展等因素带来的巨大影响，在打破了城市文化的地域封闭性后，城乡文化空间在现代化进程中迅速走向融合和一体化，城市则在不断地消融自己的文化个性，由地域色彩浓郁的半乡土文化的状态，进行着现代化的蜕变。相对于城市的快速发展，乡村的发展进程则显得缓慢，其生产方式和生活方式相对单一、落后。城市的迅速崛起使得城市与乡村产生了一定程度的对立和矛盾，特别是在城市加速发展过程中，不可避免地掠夺乡村的生产剩余来发展自身，其结果是城乡之间在政治、经济与社会领域的差距越来越大。随着现代化的发展，乡村越来越成为分散在城市周边的一种“空间附属物”。城乡地理空间、经济空间和社会空间被割裂和异化，城乡二元结构问题日益严重。

在现有户籍制度下，同一社区在城乡人口的流动过程中，于分配、就业、地位、居住方面形成不同的体系，以致文化心理上形成的交错，构成所谓“二元”。这种二元分割不完全是政治维度、经济维度与社会维度上的，更重要的是文化心理上的。从“文化滞后”的观点来看，物质文化变迁较快或较早，而非物质文化变迁较慢或较晚。不同文化变迁的不同步引起文化的失调，产生“文化滞后”或“文化堕距”。由于历史上形成的城乡二元结构，不仅使城市与乡村的文化发展出现了不同步现象，也使乡村文化内部发展极不均衡。农村的市场化改革以及各种支农惠农政策使农民的物质生活不断改善，但非物质文化中新的风俗、民德和现代化的价值观体系并没有随之建立起来，从而导致了制度文化和观念文化的滞后和失调。因此，非物质文化与物质文化的不均衡和不适应是影响乡村新文化空间建设的主要障碍。

本书主要探索坐落于广西壮族自治区北部湾美丽海滨的簕山古渔村，在面对城乡二元结构矛盾之时，渔村村民如何调试自身的“文化滞后”，渔村村民积累了数百年的渔村生存智慧如何面对现代化冲击下复杂的滨海渔村的社会结构，又是如何在城乡文化结构重铸的契机下构建新的滨海渔村乡村文化空间的。本书基于以上的认识及历时的视角，诠释渔村从传统文化空间到新文化空间的时间脉络。北部湾的簕山古渔村是中国千千万万个传统乡村变迁的缩影，簕山祖先数百年前随鱼群漂泊至防城港沿海一带，他们找到了出海捕鱼、耕海、耕田等“多位一体”的生存方式，丰富的节日活动、固定的习俗、家族的“礼制空间”构成了渔村传统的文化空间。随着全球化、城市化进程加速，一场政府与村民共同参与的旅游开发，使得传统的渔村空间不断被重塑与创新，渔业知识与生存智慧被重置其中并被赋予新的价值，传统渔业生计随着休闲渔业的来临转向多元生计方式，传统渔业文化与渔业景观、自然景观、建筑景观交相辉映，渔民的生存空间、生计方式、生存智慧被赋予了新的文化价值即新文化空间。同时，本书从空间的视角，关注乡村从“闭合”到“流动”中的强、弱关系变化，以及渔村治理中的村三委、乡村精英、文化等构成多元治理实践。最后探索互联网技术与乡村的变化，即互联网在渔村知识化、智识化、生活化、组织化、生计化建构的文化空间中如何起到关键性的作用。

二、主要研究方法

（一）文献研究法

利用图书馆的图书情报功能搜集相关的书籍、文献、期刊、报纸等纸质文本，把握现有的研究成果和前沿动态，通过文献分析法快速检索有效信息。笔者在进入田野点之前查阅与搜集了大量与本研究相关的国内外研究成果，总结了国内外关于生计、渔民生计的研究成果；联系当地有关部门收集簕山古渔村的文献资料，找寻理论依据，用作提纲指导。

（二）参与观察法

笔者及团队通过多次的田野调查，对个案进行收集与分析，了解当地的文化历史，提取口述资料；观察经营旅游产业的当地人接人待客，观察当地渔民们出海捕鱼、售卖渔货、制作渔具、制作沙虫干等，亲身体验出海、耙螺、挖沙虫，通过与当地渔民们同吃、同住、同劳动，参与渔民的日常生产生活；同时前往防城港市海洋局、文旅局、镇政府、村委处获取资料，并咨询相关问题。从“主位”与“客位”两种视角对渔民的生活实践行为进行分析。其次，笔者采用了结构式访谈与非结构式访谈的结合，面对公职人员时多采用结构式访谈，预设并局限访谈对话内容；也会结合两种访谈方式，在适当时机进行切换，并针对调查中逐渐显现的关键访谈人或单位进行与主题相关的深度访谈。

刘超，刘明，《中国乡村传统文化活动及其治理功能——基于陕西D村的个案研究》，《湖南农业大学学报（社会科学版）》，2015（4）.

巩村磊，《农村公共文化服务缺失的社会影响与改进对策》，《理论导刊》，2010（7）.

陈波，《二十年来中国农村文化变迁：表征、影响与思考——来自全国25省

（市、区）118村的调查》，《中国软科学》，2015（8）.

党国英，《论农村文化对农村社会稳定与经济发展的作用》，《新视野》，2015（5）.

刘朝晖，《民族文化对生态移民的影响与因应策略》，《广西民族学院学报（哲学社会科学版）》，2005（6）.

姜英杰，钟涨宝，《乡村文化对农业科技推广的影响路径及引导策略》，《农村经济》，2007（9）.

王作亮，《乡村文化变迁及其对乡村少年影响》，《中国教育学刊》，2011（12）.

周宇飞，兰勇，贺明辉，《新农村文化对农民工返乡创业行为的影响》，《西北农林科技大学学报（社会科学版）》，2017（1）.

周真刚，《试论生态博物馆的社会功能及其在中国梭嘎的实践》，《贵州民族研究》，2002（4）.

丁峰，李勇华，《论文化礼堂与农村社区治理功能》，《长白学刊》，2018（4）.

迟燕琼，《少数民族传统节日的文化传承功能》，《民族艺术研究》，2008（3）.

王三北，高亚芳，《价值理性的回归：民族社区旅游发展中文化传承功能的升级演进——以红柳湾和官鹅沟为例》，《民族研究》，2008（3）.

蔡小于，邓湘南，《乡村文化对乡村旅游需求的影响研究》，《西南民族大学学报（人文社会科学版）》，2011，32（11）.

谭英，胡玉鑫，《“家文化”建设与乡村振兴实践探索》，《西北农林科技大学学报（社会科学版）》，2018（4）.

夏小华，雷志佳，《乡村文化振兴：现实困境与实践超越》，《中州学刊》，2021（02）.

秦红增，曹晗，《新文化空间的建构与前瞻：从耕读传家到乡村新习》，《广西民族大学学报（哲学社会科学版）》，2016（6）.

吴理财，《农村社区认同与农民行为逻辑——对新农村建设的一些思考》，《经济社会体制比较》，2011（3）.

鲁可荣，程川，《传统村落公共空间变迁与乡村文化传承——以浙江三村为例》，《广西民族大学学报（哲学社会科学版）》，2016（6）.

杜敏，《从习惯法视角看明清徽州乡土社会自治——兼论对当前村民、社区自治和新农村建设的启示》，《太平洋学报》，2008（9）.

辛秋水，《文化扶贫的发展过程和历史价值》，《福建论坛（人文社会科学版）》，2010（3）.

魏智慧，杨敏，《社区主体意识的复苏及其参与行动的培育——社会互构论视野下的社区建设考察》，《学习与实践》，2015（6）.

第一章

文化留存：簕山古渔村的文化扫描

中华文化源远流长，乡村里保留了中华文化的传统形态。作为一个传统农业国家，中国的社会生活对土地和自然规律有着极高的依赖性。从历史的角度看，农耕时代的地缘、亲缘关系反映到文化，便是“十里不同风、百里不同俗、百村不同面”，展现出不一样的乡村文化之魂。

坐落于桂南滨海防城港市的簕山古渔村，历经数百年的发展，形成了独有的滨海渔村文化之魂。本章首先介绍防城港及簕山古渔村的自然系统、经济系统的基本概况，随后从口述史、个人生活史等，溯源簕山古渔村及其先祖之来源。此外，渔村民俗也是本章节关注的重点，其作为一种富于乡土性的生活文化，是中国乡村传统生活方式与地方特色风俗的留存，笔者通过翔实的田野调查材料，探讨其经过何种缘由而最终留于渔村之中。民间信仰的功能源于人们对物质生存的需要，人们会为了生活而选择特定的社会适应方式，有对自然社会、历史、人生的理解和表达，本章也尝试对民间信仰及民俗活动的功能做出探讨。婚姻在人类社会文化系统中扮演着重要的角色，对簕山古渔村进行的文化扫描也加入了当地婚姻情况的描述，婚姻不是“本能驱策的结果，而是复杂的文化引诱的结果”[①]。即婚姻是基于基本的生理、心理需求，文化是展示婚姻内涵的重要途径，因此在本章最后对该地的婚姻习俗留存进行描述与讨论。

---

① 勃洛尼斯拉夫·马林诺夫斯基：《两性社会学》，李安宅译，上海人民出版社，2003。

乡村文化是一个国家、民族的灵魂，本章紧扣时代，关注乡村传统精神凝聚的“魂”，以古渔村文化的传统与现代性为主题，探讨乡村文化的历时性。广西北部湾簕山古渔村是中国千千万万个传统乡村变迁的缩影，簕山祖先数百年前随鱼群漂泊至防城港沿海一带，他们找到了出海捕鱼、耕海、耕田等“多位一体”的生存方式，丰富的节日活动、固定的习俗、家族的“礼制空间”构成了渔村传统的文化空间。

第一节　簕山古渔村的历史传统

一、防城港市相关情况介绍

（一）防城港市

1. 基本概况

防城港市地处中国东部沿海南端和西南沿边起点的交汇处、广西北部湾之滨，是中国仅有的两个沿边与沿海交汇的城市之一。1968 年建港，1993 年建市，总面积 6238 平方千米，下辖港口区、防城区、上思县和东兴市，总人口约 100 万人。

2017 年 1 月 20 日，中央中共国务院批复同意建设“北部湾城市群”。作为我国建成面向东盟开放的战略高地，防城港市的建设与发展对推进我国新型城镇化建设水平、开拓经济发展新局面等，具有举足轻重的地位。防城港市作为 21 世纪“海上丝绸之路”的重要始发港、“中国—东盟”自贸区的主门户及广西北部湾经济区的核心城市，同时在西部大开发战略格局和国家对外开放大局中亦具有独特地位。

（1）人口

截至 2020 年年末，防城港市户籍人口 101.27 万人，比上年末增加 0.90 万人。其中男性人口数为54.50万人，女性人口数为46.77万人。[①]

（2）民族

防城港市是一个多民族聚居的沿海沿边地区，有汉、壮、瑶、京等4个世居民族，随着防城港市城市建设的加快以及户籍政策的进一步开放，到防城港市经商、就业等人员逐渐增多，迁入防城港市的少数民族也日趋增多，截至2020年底，全市有37个少数民族，人口数为50.75万人，占全市总人口的50.10%，其中京族人口数为29415人。[②]

（3）行政区划

截至2020年，防城港市辖2区（防城区、港口区）、1县（上思县）、1县级市（东兴市），共4个县级行政区域；7个街道办事处：港口区的渔洲坪、白沙沥、沙潭江、王府，防城区的水营、珠河、文昌；17个镇：港口区的光坡、企沙，防城区的华石、那梭、那良、峒中、大菉、茅岭、江山、扶隆，上思县的思阳、在妙、叫安、华兰，东兴市的东兴、江平、马路；6个乡：防城区的滩营、十万山，上思县的南屏、平福、那琴、公正。

2. 地理环境[③]

（1）位置与面积

防城港市地处广西壮族自治区南部、中国大陆海岸线最西南端，位于北纬20°36' ~ 22°22'、东经107°28' ~ 108°36'之间，居北回归线以南。北接南宁市的邕宁县和崇左市的扶绥县，东与钦州市毗邻，西与宁明县接壤，南濒北部湾，西南与越南民主共和国交界。市政府驻港口区公车镇行政中心区，距自治区首府南宁市173千米，距钦州市53千米，距崇左市170余千米，距越南芒街市76千米。陆路、水路皆可连通东南亚，有西部地区最大的海港——防城港，是中国大西南连接东盟最便捷的通道。南北最大纵距102千米，东西最大横距116.80千

① 资料来源：由防城港市地方志编纂委员会办公室提供。
② 同上。
③ 同上。

米，行政区域总面积 6238.49 平方千米。

（2）地势

防城港市地势中间高、两边低，十万大山山脉横贯其间，向东南和西北倾斜。东南多为低山、丘陵、平原和盆地；西北为中、低山和台地，至与扶绥交界处，东部高、西部低，多为丘陵和盆地。港口、防城、东兴三地的地势西北高、东南低；上思三面环山，地势由东南向西北倾斜。

（3）地形与地貌

防城港市有山地、丘陵、沿海滩涂 3 种主要地形，此外还有河谷冲积小平原和滨海小平原。防城港市地质构造有大菉、彭祖岭、木马隘、防城、那狼等 5 个断层，那垌、平旺 2 个背斜，“峒中—扶隆”断裂，防城褶断带，冲榄单斜，那梭向斜，那垌青斜，以及东兴盆地，共 13 个不同的地层结构，纵横全市各乡镇，形成各具特色的地貌。境内地貌主要由山峰、隘口、台地、平原谷地、丘陵溶蚀谷地及河流组成，山地、台地、丘陵、沿海滩涂相间，其中丘陵面积占 80% 以上；北部及南部以低山丘陵地为主，中部为山地，东南部为沿海丘陵和海湾滩涂。全市有三个主要地貌类型分区：北部为上思盆地，海拔 200 ~ 400 米；中部为十万大山，海拔 800 ~ 1300 米；东南部为低山、丘陵和深渊、平原、台地，海拔多在 50 ~ 500 米间。

（4）海岸和岛屿

防城港市濒临北部湾，是中国大陆海岸线最西南端起点，管辖海域面积近 1 万平方千米。大陆海岸线 537.64 千米，占广西大陆海岸线的三分之一，东起防城区的茅岭乡（中间隔钦州龙门岛），经港口区的企沙、光坡两镇，防城区的水营、文昌街道和江山乡，东兴市的江平镇，西至东兴市东兴镇北仑河口止。海岛 284 个，其中无居民岛 282 个，岛屿面积共 18.05 平方千米，岛屿海岸线 166.10 千米，主要分布在港口区的光坡、企沙两镇；距大陆最远的是夜鹰岛（雾水洲），处北纬 20°20'、东经 107°45'，面积约 1 平方千米。

（5）浅海与滩涂

防城港市 10 米等深线以内的浅海滩涂面积约 9.94 万公顷，其中 5 米等深线以内滩涂 2.41 万公顷，5 ~ 10 米等深线浅海水域面积 7.53 万公顷；20 米等深线以内的浅海海域面积 15.44 万公顷，平均每千米海岸线占有浅海海域面积为 287.1 公顷。海水潮汐基本为规则的全日潮，沿海海水无污染，绝大部分海区的水质符合《海水水质标准》Ⅰ类，适合养殖近海牡蛎、文蛤、泥蚶、对虾、珍珠、锯缘青蟹、中华乌塘鳢和其他海水经济鱼类。

（6）潮汐

防城港为混合潮港，每月小潮汛有 6 ~ 8 天，属不正规半日潮，其余为正规日潮。大、中潮为正规日潮，小潮为不正规半日潮。其特点是：当全日潮显著时，最高潮位 5.54 米，平均高潮为 3.82 米，最大潮差 5.39 米，平均潮差大于 4.50 米，涨潮延时 15 小时，落潮延时 9 小时，利于冲淤航道；当半日潮显著时，潮差小于 1 米，最低潮为 0.79 米。持续 2 小时以上的潮位全年天数分别是：潮高 2.80 米为 338 天，潮高 3.00 米为 315 天，潮高 3.50 米为 251 天，潮高 4.00 米为 140 天，潮高 4.50 米以上为 28 天。

3. 气候环境

2020 年，气象要素数据与常年相比如下。年降水量：东兴西部、防城那良到大菉一带为 2500 ~ 4000 毫米，最大出现在防城那良镇为 3966 毫米；东兴东部、港口区北部和防城中部、南部为 2000 ~ 2500 毫米；港口企沙和防城白龙、茅岭、峒中以及上思南部为 1500 ~ 2000 毫米，上思北部为 800 ~ 1400 毫米。防城、扶隆、那良、华石和华兰等地多 1 成，其他地区少 1 成。年平均气温：防城港近海地区和防城南部为 23.0 ~ 24.5℃，防城东部、东兴北部和上思西北部为 22.0 ~ 23.0℃，防城中部、西部和上思南部为 18.0 ~ 22.0℃，沿海地区高 0.4 ~ 1.1℃，上思高 0.1℃。年日照时数为 1345 ~ 1638 小时，港口区略少，其他地区少 1 成。1 月 24—25 日和 2 月 13—15 日，上思和防城部分乡镇出现冰雹天气；7 月 10—11 日和 9 月 11 日，东兴、港口和防城东部地区出现强雷暴天气，城区出现8级以上雷雨大风。全年无低温阴雨天气。全年灾害严重程度属中等偏轻，影响防城港市台风比常年偏弱。

防城港市空气质量监测有效天数为366天，空气质量为优的天数251天，达到良的天数114天，轻度污染1天，中度污染0天，重度污染0天，空气质量优良率为99.7%，酸雨出现频率为89.2%；县级以上集中式饮用水水源地水质达到或优于Ⅲ类标准，主要河流监测断面水质达标率100%；城镇区域声环境质量符合国家2类标准。交通环境噪声符合国家4a类标准。

4. 资源与物产

（1）土地资源

2020年，防城港市土地总面积623861.88公顷，其中耕地91397.46公顷，园地14536.19公顷，林地392596.40公顷，草地30491.11公顷，城镇村及工矿用地27134.67公顷，交通运输用地8242.83公顷，水域及水利设施用地53930.28公顷，其他用地5532.94公顷。

（2）矿产资源

矿产种类共有48种，占广西壮族自治区的33%，主要有煤、锰、叶腊石、花岗岩、砖瓦用页岩、石灰岩、建筑用河砂、建筑砂岩等；已查明储量矿产有28种，占广西的29%。矿产地有261处，其中大型矿床6处，中型矿床7处，小型矿床102处，矿（化）点146处。全市持证矿山38个，以砂石土矿山为主。

（3）海洋资源

全市大陆海岸线长度约为537.79千米，海岛岸线长度约为156.70千米，管辖海域面积近1万平方千米，全市共有海岛284个，其中有居民海岛2个，无居民海岛282个。防城港规划港口岸线94.857千米，其中深水岸线71.661千米；可建生产性泊位379个，其中万吨级以上深水泊位260个。整个港口全部建成后，港口年通过能力达货物10.35亿吨、客运440万人次，港区面积87.12平方千米。截至2019年年底，全港生产性泊位达137个，其中万吨级以上泊位52个，20万吨级泊位3个；港口综合通过能力达1.641亿吨，其中集装箱通过能力

187万标箱；航道总里程达38.344千米，最大通航等级为20万吨级；已利用港口岸线16.343千米，其中深水岸线11.112千米；全市海产富足，20米等深线以内的浅海范围内，有浮游植物104种、浮游动物132种、各类海洋生物达1155种，其中，虾类35种、蟹类191种、螺类143种、贝类178种、头足类17种、鱼类326种。经济生物中，主要经济鱼类20余种，资源量6000吨；经济虾类10余种，资源量6000吨；经济头足类3种，资源量700吨。全市20米等深线以内的海域面积约231.60万亩，0 ~ 5米等深线的面积36.20万亩，5 ~ 10米等深线的浅海水域面积达到113万亩。防城港市的海水质量好，自然饵料充足，是各种海洋生物养殖的理想场所，海水养殖业发展的潜力很大。境内阳光充足，雨量充沛，气候宜人，拥有江山半岛省级旅游度假区和国家级4A景区——京岛风景名胜区等滨海旅游景区，发展滨海观光、休闲、度假旅游潜力巨大，具备打造滨海旅游胜地的资源禀赋。

（4）动物资源

防城港市野生动物物种种类极为丰富，现发现陆栖脊椎动物共有397种，其中两栖动物29种，爬行动物69种，鸟类218种，兽类81种。国家一级保护野生动物有云豹、金钱豹、巨蜥和蟒蛇等4种，国家二级保护动物有穿山甲、猕猴、黑熊、虎纹蛙等58种，省级重点保护鸟类29种。

（5）植物资源

防城港市日照充足，雨量充沛，良好的水热条件及多种多样的生态系统使境内有大量的植物栖息和分布。截至2020年年底，防城港市野生维管束植物在2500种以上，国家一级重点保护野生植物有狭叶坡垒、十万大山苏铁、膝柄木等3种，国家二级保护的野生植物有金毛狗、苏铁蕨、水蕨等20种。还有被誉为“植物界大熊猫”“茶族皇后”的金花茶、显脉金花茶、东兴金花茶等3种金花茶组植物，是世界金花茶组植物分布重心。其他珍稀濒危植物有如鸡毛松、脉叶罗汉松等。此外，防城港市沿海滩涂生长3.59万亩的红树林，有木榄、秋茄、桐花树和白骨壤等17个种类，是全国红树林植物种类分布较多的地方，其中有

2.13 万亩被联合国环境规划署批准列入全球三大 GEF 红树林国际示范区。全市共有古树名木 2744 株。

（二）企沙镇

企沙镇位于防城港市东南面，三面环海，距离市区 32 千米。渔业资源丰富，是广西第二大渔港所在地，已有两百多年历史。全镇陆域面积 77.20 平方千米，海岸线长 51 千米，下辖 11 个行政村和 4 个社区，总人口约为 5.8 万人，其中城镇建成区常住人口 2.18 万人。生态旅游资源丰富，是旅游名镇，拥有长达 5 千米的滨海旅游长廊景点，天堂角、沙耙墩、簕山古渔村等旅游景点闻名区内外，是国家一类边地贸易口岸，也是大西南出海大通道的出口。企沙镇是广西重点规划建设的大型临海工业区，也是钢铁、金川镍铜、防城港发电厂及企沙渔港[①]等重大项目落户地。

企沙镇 1995 年被列为国家一类边地贸易口岸，2002 年被防城港市评为“文明镇”，2003 年被自治区列为小康示范镇，2004 年被国家建设部列为全国重点镇，2014 年被纳入第一批广西百镇建设示范镇，获得自治区第七、八届市容“南珠杯”竞赛活动优秀奖及特等奖。2019 年全镇完成地区生产总值 297.14 亿元，工业总产值 278.90 亿元，农业总产值 13.20 亿元，第三产业 5.04 亿元；财政收入完成 8135.40 万元，同比增长 34.40%，经济发展实现快速稳步增长。[②]

二、簕山古渔村溯源

（一）基本概况

簕山古渔村位于防城港市企沙半岛[③]东南面，距离企沙镇政府约 10 千米，距防城港市行政中心约 25 千米，是一个面积约 480 亩的半岛村落，全村共 87

① 防城港市企沙中心渔港位于港口区企沙镇，是国家级中心渔港、广西第二大群众性渔港，也是防城港市最大的避风锚地和装卸作业港区。

② 资料来源：企沙镇政府文件《企沙镇基本简介》。

③ 防城港市企沙半岛包含企沙渔港、企沙镇、企沙工作区等。

户328人，村民素以“耕海”为生，民风纯朴，生活悠闲安逸。簕山古渔村已有三百多年的历史，村史文化渊远深厚，旅游资源丰富。有建于明朝的李庄古堡，有号称南方雪原的沙丘，有陆地红树林——千年银叶树，有古树参天、珍稀树种40类之多的上百亩滨海原始森林，有数十平方千米盛产沙虫的沙质台地海滩，还有北部湾中不可多得的天然观潮点，是广西沿海地区现存较完整的古渔村之一，亦是北部湾沿海渔村历史发展变迁中颇具代表性的一个缩影。

在上级党委的引导下，簕山古渔村成立党支部，并成立了“簕山新农村建设理事会”，形成了以“村民自主、资源共管、利益同享、理事会管理、公司化运作”为主的村落集体经济管理模式。为更好地带领群众致富，村党支部以股份制合作形式，积极向上争取、多方筹集建设资金近4000万元，进行簕山古渔村的旅游开发，已完成进村道路、村内环道、防浪海堤、观潮广场、停车场、综合服务楼、村庄风貌改造、“邀月台”、云海亭和大型围网捕鱼等项目建设。2015年争取到325万元对进村广场、旅游服务中心、路灯亮化、主干道柏油路面改造等开展项目建设，旅游基础设施得到进一步完善。村集体通过股份制形式，推出围网捕鱼、挖螺、打网捕鱼、停车场、经营场地出租等项目，引导村民开设农家饭店7家、农家旅馆48家。通过成功举办民间观潮节等活动，每年游客量达15余万人次，村集体的收入从无到有，年收入超300万元，2019年人均纯收入超过2万元。2015年以来，簕山古渔村先后入选全国休闲农业与乡村旅游示范点、第一批广西传统村落名录，“与浪共舞观潮节”荣获“中国最佳自然生态旅游节”称号，被评为“广西壮族自治区城乡风貌改造二期工程科技示范村”“2015年第三批全国特色景观旅游名村”等。2016年11月，簕山休闲渔业（县级）示范区通过了自治区的验收，已成为防城港市著名的旅游景区，每逢周末及节假日都有大量游客前往旅游观光和体验渔家风情。

（二）簕山村名来源

簕山古渔村原名“鹿山”，因鹿多而得名。鹿山和六墩山中间隔了一条十多米宽的小江——大船潭江。六墩山、三口浪山、鹿山是三座大山，鹿山树高林密、古树参天，山里有大树洞、大石洞，树荫下长满了簕笛竹以及又高又密的杂草。山中的各种动物以鹿居多，生长在山里的鹿，它们白天大部分时间会跑到六墩山去觅食，晚上再跑回簕山栖息。因鹿多，村民将此地称为“鹿山”，且一直延续到始祖李常熙改村名。[①]

据村民介绍，始祖常熙公将“鹿山”改为“簕山”，缘于一个神奇的故事：

祖公（李常熙）曾从钦州来到光坡榄埠居住有四十多年。其间，夫妇俩经常摇艇来鹿山做海[②]。当时的鹿山环境幽静，风景迷人，海埠鱼虾蟹多，十分宜居。在现今的大祖厅位置，有一条小水石沟直通到海边，潮涨时小艇可直入到此。那里有一块如床板一般平的天然大石板，两位老人常常在此休息聊天。因生活所需，两位老人常出入此山，偶然发现有一株很奇特的勒花。这株勒花春季开红花，夏季开紫花，秋季开黄花，冬季开白花。两位老人越看越觉得好奇，便摘下花叶搓，搓出的叶汁味道香甜。经多次考究确认无毒后，两位老人摘叶入嘴慢咽，越食越觉得身体舒服，于是采集了许多带回家，后来还发现树的根汁更加香甜。由于长期采食花和根叶，祖公和祖妈的慢性病都慢慢地好了，二老认为这株勒花是珍贵的药树，便介绍给自己的亲戚朋友。消息传开了，大家都争着来采摘，久而久之，不但这株勒花死了，连周围的竹子也枯萎了。祖公十分痛心，为纪念这株花与周围的竹子，便在“勒”字上面加上一个“竹”字头，成了这“簕”字。而这个“簕”字后来也成了山名。

① 资料来源：《簕山李氏族谱》。

② 做海：原是海南本地方言，指渔民从事海上一切活动的统称。过去“做海”一词多指出海捕捞这一传统生计方式的全过程——作福祭海、出海、捕捞、归港。现在“做海”的讨论范围扩大，在滨海旅游地区，“做海”已经成为一种集旅游展演、生计活动及心理调适作用为一体的文化系统。

村名是人们赋予某一个地方的地域称号，通常能够阐释村子的方位、范围和所属的地理类别，是人们根据自然地理实体特征为村子进行命名的结果。除此之外，村名还包含了人们对美好、富足生活的向往。大多数的村庄在发展过程中都有一个关于祖上命名的故事，基于不同地缘、血缘交错，经由特殊历史事件而形成的特殊意义的村名，通常能够阐述乡村精神文明发展路径。依据上述祖公改“鹿山”为“簕山”的传说故事，我们不难发现，人们通过祖公率领家人从榄埠迁居簕山的故事表达了他们对通过辛勤耕耘达到建家立业、家族兴旺发达的期盼。

第二节　节日风俗与民间信仰留存

一、传统节日

（一）农历春节

春节可谓中国最为隆重的节日。广西各少数民族地区的春节习俗与汉族类似，但也略有区别。例如东兴市的京族地区，春节时准备的祭品必定离不开鱼类、鱼制品，显示出人们“靠海吃海”的民族特性以及对海洋的信仰与崇拜。在簕山古渔村也不例外，置备年货这一过程与其他汉族地区类似，但在过年的仪式上也具有自己的特点，例如拜社、烧碎饭、挂花灯。另外，当地人认为祭品的数量有重要的寓意，因此对祭品的数量把控相当严谨。

中国传统节日春节就是一个多阶段的不同的仪式。正式的仪式活动通常是从腊月二十三或二十四的送灶公回开始的，这个阶段被称为“小年”。从小年到除夕的辞旧，再从初一到元宵（正月十五）的迎新贺岁，是过年的主要阶段。

除夕前，村民就要认真安排备好过年的一切所需，如晾晒海产品、备好鸡鸭鱼肉、烟花对联等各种年货；另外，在除夕的前三天，家家户户就要开始做清洁工作，如打扫房屋、洗家具、洗衣物等，为过年做准备。

大年二十八、二十九，各家需提前备好制作各种粑食[①]的糯米粉以及包粽子所需材料，材料备好后即包粑粽、做扣肉。大年二十九上午开始宰猪杀禽，并做好拜祖公的一席供品：五双筷子、五只酒杯、三只茶杯、五碗饭和五碗菜，以及鸡、鸭、鱼肉各一份，猪肉一块，切成一条或三条。[②]这一席供品都是熟品，需在大年三十上午做好。

大年三十中午开始拜祖。先拜社王公，再拜全村人的大祖厅，最后分别拜三个房的私厅。拜祖前，一般各家各户都会贴春联、放鞭炮，处处体现着除旧迎新气象。

拜祖结束后，家家户户开始做年夜饭。一家人同吃年夜饭时，晚辈向长者祝福，长辈对年轻人寄予期待，相互道新年祝词。

晚上一家人坐在一起守夜，围绕诸如一年末的收获、新一年的打算此类话题，谈天说地，热闹非凡。约莫聊到十点钟，年轻人便去休息，长辈则去纳福，有的也会待到凌晨除旧岁后才去歇息。

次日大年初一早上五点起床，遇见家人要互相问好、祝福；只准讲吉祥如意的话，忌讳说不吉兆的话；不能打喷嚏、不能损坏家物、不得洗晒衣服、不外出、不下农田和不花钱。俗话说：一年之计在于春，一日之计在于晨，一生之计在于勤——此为古训。早起、互相问好、祝福，即遵循古训。早上七八点钟时，鸣鞭炮，表示新春样样响、样样好，寓意旗开得胜。

簕山古渔村的大年初一，有种较为独特的习俗，名为“烧碎饭”。具体步骤如下：把大年三十剩下的饭加油和盐炒足三碗，接着把大约五寸长的三碗芥菜，洗净后放入开水中迅速烫过捞出。之后，开始祭拜社王公，放五炷香、三杯茶、三杯酒，祈求一年顺利。大年初一的早餐，只能吃饭，不准喝粥；饭是除夕夜的剩饭，菜不添新的，寓意着年年有余，住食有余。午饭按各人所需所好进食，一般是吃年糕、粽子之类。晚饭饭菜同除夕夜一样，甚至更好。大年初一不出门、

① 粑：一种糯米做的贡品，内裹芝麻糖馅。
② 古有“单为阴、双为阳”的说法，因此准备祭祀的食物数量为单数。

不串门、不买东西、不扫地、不倒垃圾。家家户户的大门都敞开着，一家人欢聚一堂，热热闹闹，共度春节。

大年初二，吃过早饭后大家便走亲访友，互相串门拜年。大年初三是“走穷鬼日”，不探亲访友。这天可以洗晒衣服、倒垃圾。大年初四至正月十五这段时间自由活动，各家各户有自己的安排。

图 1–1　李氏大祖厅（摄影 / 莫国俊）

“开年”从大年初二至正月十五，在这期间，许多人家会挂上花灯。花灯分上、中、下三等，有钱人家挂上等灯，普通人家挂二等花灯，经济条件不好的，可以挂三等花灯或者不挂花灯。花灯又叫“走马灯”，点着花灯，灯里的马走动旋转，颇有趣味。

（二）清明节、中秋节

簕山村的清明节，根据村里几个氏族李姓、陈姓、夏姓祭拜的祖厅不同，规定也各不相同。如，李氏家训规定，清明节当天要先拜扫始祖，一般由每户派代表参加，清明节过后再拜扫各房头[①]。拜扫完各房头的始祖之后，各家各户再选定日期去拜扫已故的亲人。

簕山的清明供品丰厚，有香、古宝、金银、爆竹、蜡烛、包子或发糕、烧鸡或烧鹅一只、猪肉一块、熟鱼一条、五茶五酒、五菜五饭，有钱的人家也会烤一头整猪。同时，由于清明节时期是鱿鱼收获的季节，因此簕山的村民在扫墓时，还喜欢用熟鱿鱼做祭品。

需要注意的一点是，在谷雨节气之前，一定要按时扫墓拜祭，谷雨时节之后就不再拜墓了。扫墓时，簕山村民会在坟头放上红纸，以此表示扫过此墓。

每年农历八月十五的中秋节，簕山村不集中举行拜祖仪式，由各家各户自由掌握。大部分村民都会在中秋节当天自由拜社。白天，村民们三五成群，在祖堂、屋内、村前树荫下唠家常、谈天说地，吃月饼、芋头、水果等；晚上，则聚在一起赏月，饮茶吃果，拜月公公。有的村民兴拜月亮，拜月时，将一个较大的柚子插在一根固定于地面的棍上，并将点燃的立香插入柚子中。立香分为八、十二、十四、十八组，每组各有三支香。烧香时选用四组中的任意一组，无须全部使用。柚子象征着月亮，人们用月饼和水果拜柚子，以表达祈求平平安安、风调雨顺的愿望。

过去传统性的节庆活动的经济目的不突出，文化功能占据着主导地位。而文化与经济等活动也是紧紧围绕着传统民族与民俗文化进行。随着近年来我国商品经济的飞快发展，全国各地的商家利用这些节日做宣传促销活动也愈演愈烈。因此，簕山的年俗也受到了旅游开发的影响。开大排档的人家会优先照顾前来簕山

① 房头：即家族分支，此处指各家族兄弟。

过年的游客，将自家的“团圆饭”推迟到初七或者初八；开客栈的村民也会和游客分开过年。大众参与性是民俗节庆旅游的显著特性之一，前往簕山参与节庆的游客给当地带来了可观的经济效益，同时，游客选择在节庆期间前往簕山，也为当地策划部门等联合举办活动制造了节日的氛围和旺盛的人气。未来，以文化传承为基础、民俗体验为载体的节庆旅游逐渐成为一种热门的旅游形式，簕山古渔村在旅游业蓬勃发展的过程中也会受到越来越多人的关注，期望其能够成为真正的“带动型”旅游经济的示范村落。

二、民间信仰及活动

（一）神木崇拜

树木崇拜自古有之，并普遍存在于世界各地。《金枝》中“森林之王”“树神崇拜”“现代欧洲树神崇拜的遗迹”“橡树崇拜”“处死树神”等，都论述了树木崇拜，《山海经》中亦有扶桑、若木崇拜的传说。[①] 树木崇拜多流行于内陆地区，但在部分沿海地区亦有之。

拟制亲属关系一直是民族学领域的热点问题，而盛行于广西地区的“认契”习俗，则是其中的典型代表。“认契”是指两个或以上、独立的、没有任何血缘和婚姻关系的认契者和受契者，通过某种民间仪式确立一种“寄养”的拟制亲属关系，目的是希望借助受契者的“力量”来庇护认契者成长的一种民间育子习俗。[②] 同时，分为以人为对象、以树为对象、以石为对象三种具体表现形式，学界认为“认契”这一习俗具备心理慰藉、教化儿童等传统功能。但在当代乡村新文化空间表征不同的背景下，部分“认契”习俗还可能具有补充劳动力和亲属关系、扩充人际网络、凝聚社会关系的社会功能。

簕山靠海，受台风灾害影响较大。过去，村民在家门口种树以防台风，因

① 刘荣昆：《彝族树木崇拜的多元文化意涵及其乡村治理功能》，《贵州师范大学学报（社会科学版）》2017 年第 6 期。

② 张柳丹、段超：《桂西北地区“认契”习俗及其功能探究——以河池市都安永乐村为例》，《长江师范学院学报》2019 年第 4 期。

此村民对树木有着深厚的情感。村里曾有不少千年古树，其中有四棵大榕树最为有名。据LYJ先生所述，簕山常有人认大榕树作“契母”，简称“认契”。人们觉得树木拥有灵性，除了树之外，很少再认别的事物为契。簕山人认为，五行属木的人需要找一棵树认契；一些人为保佑自己的孩子能够健康成长，也会认树作契。

认契时，人们会请师傅烧香做法事，并用宝卦询问树木的“意愿”。一阴一阳为胜教、双阳为阳教、双阴为保教。认契时开三卦，双阴、双阳、一阴一阳都有或者三挂相同则视为成功。

人们将家人平安的美好愿望寄托于树木，表达了对树木的崇拜与敬仰，一定程度上能起到调适、抚慰人们心灵的作用。

（二）海洋崇拜

海洋崇拜的含义有广义、狭义之分。广义的海洋崇拜指与海洋有关的一切崇拜方式，包括物质和精神两个层面。其中精神层面分很多种，包括海洋信仰、海洋文学、海洋歌曲等；物质层面包括海洋建筑、海洋雕塑等。狭义的海洋崇拜特指海洋信仰，或者更具体为海洋祭祀。[①]广西沿海地区的海洋崇拜主要表现为海洋祭祀，祭祀与之相关的海洋神。与海有关的神有：妈祖、龙王、龙母、伏波神、孟尝神、镇海大王等多神。

1. 龙崇拜

龙（蛇）是当地渔民最早崇拜的自然神之一。每年的农历二月初二是“龙抬头”日，当地民众都会举行祭祀海神的仪式，他们祈求南海龙王能够显灵，保佑他们来年风调雨顺。过去，人们祭海时还会请专门的人“看鸡爪”——占卜今年的运势。一次一般用两个鸡爪，鸡爪不能煮太烂；鸡爪的指头代表每个地方，指节代表月份，红斑代表大风，黑斑代表大雨。如，某个指头上的某个指节有几个

① 段芳：《近代中国海洋文化崇拜研究》，硕士学位论文，山东师范大学历史系，2016。

黑斑红斑，就表示某个地方的某个月份有几场大风大雨。

过去的祭海方式主要是供、请、祭、谢。所谓供，就是在渔汛开始时用鱼、肉在海滩上供奉，以示敬意；请，就是当渔船出海时，要敲锣打鼓把龙王像请到船上；祭，是整个活动的高潮与重点，在龙王像请上船后，要用猪头、鱼供祭龙王，船家还要举行燃烛、敬酒、跪拜、祈祷等仪式，祈求龙王爷保佑出海丰收、人船平安；谢，就是在渔讯丰收时要谢龙王，海上遇险向龙王求助脱险后要谢龙王。① 现在祭社相当于祭海。

2. 妈祖崇拜

（1）概述

妈祖，原名林默，宋建隆元年（960 年）农历三月二十三日生于福建莆田市湄洲岛。常教人防疫避灾，为人治病，又因善于预报天气且熟悉水性，救助海上遇难渔舟商船无数。林默于宋雍熙四年（987 年）农历九月初九为救助海难者献出自己仅 28 岁的生命，人们为感颂她的恩德，在岛上立庙塑像奉祀，并尊称她为“妈祖”。妈祖短暂的一生给世人留下了许多乐善好施、见义勇为的感人故事，这些故事经过千年的传颂，使得妈祖成为了最具影响力的“海上保护女神”，人们对妈祖的崇奉和颂扬逐渐成为一种信仰。②

妈祖信仰传入广西最早可以追溯到明代。据记载，贺县“天后宫在水东上街东营尾，明万历间建”；横州上郭天妃庙，“万历辛卯二月，坊民建庙上郭”；下郭天妃庙“于崇祯二年创建”；梧州府治天妃庙“在光孝寺南，崇祯年间建”。清代，妈祖信仰在广西传播的范围不断扩大，妈祖庙遍布广西各州县。③

北部湾沿海一带有着大量的三婆庙分布。这些庙宇中所供奉的三婆神，多数无法从档案文献找到来源出处，只能从民间传说、口述史材料等追溯北部湾地

① 员宁珠、吕莉华、罗培敏：《被“古”韵味“渔”文化点亮的簕山渔村》，《生态文明世界》2016 年第 1 期。

② 赖伊婷：《平乐县妈祖文化传播研究》，硕士学位论文，广西大学传播学系，2019。

③ 宾长初：《清代妈祖信仰在广西的传播及其观念变迁》，《中国边疆史地研究》2016 年第 1 期。

区的三婆庙的来历，以及分析其文化表征内涵。而各地区所供奉的三位女性主神（三婆）的名称各不相同。如，广西藤县龙母庙中供奉的三婆，是龙母、妈祖、刘三姐；钦州三娘湾的三婆，是三块坐落在西头海岸边，各约十米高的花岗岩，当地人称这群石块组合为“三婆石”；在北海地区，三婆庙供奉的是妈祖、妈祖的姐姐、冼夫人三位女性神明。[①]而我们认为，三婆和妈祖的关系属于信仰融合的结果。三婆本来是北部湾地区的一位水神，明代之际，福建的商人跨海而来，带来的不仅有商品，还有妈祖信仰。当时官方认为大量的三婆庙属于淫祠，当时的人们为了保护自己的信仰，便把三婆附会至同为海上人保护神且官方认可的妈祖上。至清朝初期，三婆附会妈祖就已经形成。

簕山古渔村村民所祭拜的三口浪阿婆（妈祖）庙位于企沙镇山新村前海滩

图 1–2　三口浪阿婆（妈祖）庙（摄影 / 黎胤辰）

① 安乐博：《“三婆”是谁？——浅谈曾盛行在南中国海的水神》，《文化月刊》2015 年第 9 期。

东行约两千米的三口浪山上，整座庙宇坐北朝南。据 LYJ 描述，关于庙的历史资料在“文化大革命”期间已失，“当时，我在外地教学，那年拆庙我并不知情。现在的庙堂与原样不同，是群众在 2003 年集资修建的。”

通向阿婆庙的楼梯位于庙的左侧，以前有二十四阶，现在有三十一阶。原本修建时两侧有对称的两条楼梯，后来封闭了一边，余下一条楼梯寓意着团结一心。三口浪阿婆庙呈长方形，庙门上写着一副对联：

上联：清风盈海角

下联：惠泽遍天涯

横批：三口浪三位婆婆，妈祖庙

庙门左右各矗有一狮，门前放置着海浪将军的香炉，屋顶有双龙和双凤的装饰。庙内共有四间房，其中两间原为香公的房间和厨房，另一间用于放置妈祖巡游时所用的花轿，余下一间属性未知。正厅前有一口天井，横梁上挂置着村民送来的锦旗，左墙上贴着三人驻堂小组修缮人员的名单，右墙悬挂着一口钟，北面的墙上是画有龙的壁画，正靠着墙便是妈祖的神像。庙内一共有十二尊神像，最大的为妈祖像，其余的十一尊为小神像：李广将军（左四）、海浪将军（右三）、观音、关羽等。神像上均挂有铜制灵牌，神像左右各有五匹马。根据 LYJ 讲述，以前除了妈祖外，只有八个小神像，现在的神像多了许多，但也比以前的神像矮了许多。以下是关于三口浪妈祖庙的两个传说故事。

传说之一

三口浪妈祖庙的原址是一座很大的坟墓，白色的墓碑有一米多高，石桌有八九十公分，时常有放牛郎至此画棋盘下棋玩乐。有一天，三个放牛郎在此下棋，突然间乌云密布，电闪雷鸣，一道雷劈下来，三个人都被击中了（也有说一道雷打下来，一口铜钟从天而落，正好盖住棋盘，把人砸散了）。其中一人回家就病了，后来找仙姑算命，仙姑说这是妈祖给他的指引，要他出头集钱，组织村民移开坟墓，并在那里建一座妈祖庙，把坟移至东边的山脚下。

传说之二①

相传在古时，三口浪前的海域十分平静，海产丰富，渔舟繁忙。后来不知何时来了个海怪，在此兴风作浪，残害生灵。每当涨潮时，海怪就会掀起三口巨浪。由于山距离巨浪甚近，所以当地百姓便称之为“三口浪山”。站在山顶眺望，但见浊浪滔天、惊涛拍岸，令人心惊胆战。这三口巨浪蔚为非凡，舟船经过，无论大小均被掀翻，落水船民便成了海怪腹中之物。因而人们谈怪色变，舟船绝迹，村民再也不敢出海打鱼。世代以渔业为生的村民失去了生计，不少人被迫外迁谋生。有一天，观音驾云经过此地，见海怪掀起巨浪残害生灵，对百姓顿生慈悲，决意请神来收服海怪。但请谁好呢？观音思索片刻，便想到了妈祖。妈祖是渔民的保护神，最熟悉海洋情况，而且最仁爱、法力高强，曾降服了不少海怪，救助了许多遇险渔民。如请她来降服海怪，当是极佳人选。观音同时又想到，这个海怪法力高强，要顺利制服它，还得给妈祖找个帮手。找谁好呢? 观音则想到了李广将军。李广生前是西汉名将，智勇双全，箭法天下第一，死后被尊为神。如得他作妈祖助手，何愁海怪不灭！

人选定后，观音便驾祥云直往福建湄州岛妈祖庙。妈祖得知观音来意后，便慨然应允:“降妖服怪，为民除害，正是我的职份。既然有海怪为害一方，我定然要去降服，义不容辞！”之后，二神便直奔李广仙府。李广见观音对自己如此信任，便爽快地答应相助妈祖。李广随即整

① 卢岩、李心艳:《防城港文化遗产丛书：非物质文化遗产部分》，广西人民出版社，2010。

装披挂，挽弓提剑，跟随观音、妈祖一同起程。当三神到达三口浪前面海域上空时，正逢涨潮。但见海面波涛汹涌，势若奔马，声如巨雷，甚是吓人。见此情景，妈祖知道定是海怪在作祟。于是擎起照妖镜，向海面照去。果然，见到惊涛浊浪之中，海怪正张牙舞爪大施魔法。妈祖便紧紧地将海怪锁定，李广将军马上拉弓发矢，神箭直向海怪射去。顿时，海浪更加猛烈翻滚，且鲜血向四周漫去，染红了海面。不一会，海面上现出一个头上有角、通体有鳞、又大又长的怪物。此怪物显然已受重伤，一见观音及妈祖，马上连连恳求饶命。李广将军忙向观音及妈祖问道："此是何怪？你们可否认识？"妈祖道："此是东海龙王第四子。此子生性骄横暴戾，兼之龙王管教不严，故常在海上为非作歹，我便把他告上天庭。玉帝大怒，责令龙王严加管束，龙王便把他锁在一石洞中。但不知何时逃走，竟到这里作孽，真是恶性不改！"随后则向观音及李广将军求情，免其一死。观音便向李广道："此子虽坏，但念其年幼，且已受重伤，可否给妈祖一个面子，免其死？"李广见观音及妈祖向己求情，不好逆意，也就同意了。妈祖见两神同意，就把四龙子镇在三口浪山下。四龙子被镇在山下后，日夜哭泣，流泪不停，泪水从海滩上喷出，形成一泉。后来，人们称之为"龙泉"。

四龙子被收服后，妈祖与李广准备打道回府。但观音却对两神说："四龙子虽被收服了，但总得有人在此看管，免得其再出来为非作歹。况且这片海域也难说以后没有其他怪物来此兴风作浪，为了这里长治久安，想请两位尊神留下来作村民的保护神，不知两位可否愿意？"见观音如此爱民，两神甚为感动，便不假思索地答应下来。

观音当晚即托梦给村民，告诉他们海怪已被妈祖神和李广大将军收服，但为了这片海域的永久太平，必须让妈祖和李广大将军的神灵长驻于此。为此，大家需诚心捐资，在三口浪山嘴建一座神庙，供奉妈祖和李广将军的金身。

梦见观音，村民们惊异不已。第二天早上，各个都忍不住立刻把梦告诉别人。而当他们发现，大家都做了同样的梦，而且当天涨潮时海上已没有三口巨浪，这使村民们完全相信梦中观音所说的一切。于是，地方贤达积极牵头，广大村民踊跃捐资，很快就在三口浪南面山嘴上建成了一座红墙碧瓦、斗拱飞檐的两进庙宇。庙刚建好，海上又漂来一根大香樟木和一只黄铜香炉。村民知道，这必又是观音的恩赐。

他们便把香炉抬进庙内供烧香用，把木头用来雕神像。经过能工巧匠精雕细刻，栩栩如生的妈祖和李广将军的神像便落成了。之后，村民们举行了隆重的请神仪式并进行盛大的游神活动。自此，妈祖和李广将军的神灵便长驻于此了。

由于古时关山阻隔，音讯难通，对远在福建湄州的妈祖，村民知之甚少，只知妈祖是个女人。同时，这一带地方民众习惯尊称老年的妇女为阿婆。“妈祖妈祖、成妈做祖”——妈祖定是年老妇女了。于是人们就把妈祖称为“阿婆”，把庙称为“阿婆庙”。但所供奉的实际是妈祖和李广将军。因此人们在写庙名时，仍在庙名下写有“妈祖”二字。

神庙建成后，由于两神法力高强、神通广大，妖魔海怪再也不敢来此作祟。三口浪海域又恢复了昔日风平浪静、千帆竞发的景象。而之后不久竟出现了更为奇特的景象：阿婆庙前方约一千米处的海滩逐渐升高，最后露出水面而成为沙洲。人们称之为“绿墩”（也有叫“六墩”）。绿墩逐渐扩大、升高，据说最大时有五六百亩，曾有十几户人家在那里居住。墩上草茂林丰、鸟语花香，有如人间仙境。人们传说，那是阿婆休闲游乐的花园。

（2）祭拜妈祖

祭祀是人们向神灵进行虔诚祈求的重要方式，其本质是神灵信仰。在人类社会形成初期，各种自然灾害、季节变化以及人类的生老病死等自然现象，给人们的心理上带来了伤害与恐惧，人们逐渐把自然界当成其生存的异己力量，他们期盼有超自然的力量能帮助自己消灾减祸、转危为安。于是，人们开始坚信“万物有灵”，为祈求神灵庇佑，人们举行了许多祭祀神灵的仪式活动。簕山古渔村村民也不例外，为祈求妈祖保佑，村民组织开展了各种民俗活动，以祭祀妈祖。

祭拜妈祖一般在每年农历十二月二十五开始，至大年三十晚结束。

过了农历十二月二十四日，村民们开始陆续祭拜妈祖。祭拜妈祖最简单的贡品是一条鱼（鱿鱼、墨鱼皆可）、一只鸡、三碗米饭、三份菜和三双筷子，简称“小三生”。大祭的时候需要准备猪头、猪肉，鸡、鸭、鱼各一只、五碗饭和五双筷子，此称“大三生”。贡品都是熟食，猪肉份数只能是单数，不能用鸭蛋，因为鸭蛋意味着“完蛋”。

祭拜妈祖时要敲钟，共敲两轮，开始祭拜时敲第一轮，一次敲三下，祭拜结束时敲第二轮。祭拜妈祖庙结束后，离庙前需给庙供上一斤米、一点熟猪肉和一些钱。

（3）妈祖巡游

神像巡游是信众表示虔诚与信赖的方式之一，需要有信众参与以及巡游路线沿途住户的响应。神像巡游仪式属于信仰群体内部的行为，除了能巩固信众自身信仰外，还能起到增加民间信仰影响力，吸引其他外地信众的作用。

农历正月十五是“妈祖出游巡村保平安”的重要日子。

① 筹备

组织妈祖巡游的负责人为轮值制，每年不同。出游那天，要把三口浪妈祖庙的妈祖木像、将军木像和左右兵马的木像，分别放进三台轿里，轿上坐有六位神相，由民工抬着去巡村，庙里还有两位大神木守庙。妈祖出游的队伍带头人由各村出，队伍中还有许多志愿者，志愿者通常会以红包表示庆祝及感谢。游行的队伍很长，有抬轿队、仪仗队、挥旗手等，旗手的旗帜通常为三角形。

② 巡游

妈祖巡游队伍要按照一定的次序排好：由指挥者开道，妈祖轿在前，仪仗队

（乐队、道公佬、显灵佬、负责拜社人员）、主持人、有关工作人员和扛“格”[①]的人员紧随其后，还有两组旅游看热闹的群众。妈祖巡游时，会巡村拜社，巡村过程中，道公佬敲锣打鼓，队伍浩浩荡荡。

③ 祭拜

祭拜仪式由主持者安排，将装着木神相的三台轿停在社王公的面前，随后分别把三台木格置于三台轿的前方，接着是村民摆放水果拜社的桌子。每户供上一盒糍、发包、发饼和水果等。摆齐供品之后，开始拜社。

拜社有固定顺序：首先由主持人上香火、斟茶酒；其次人们向祖上三鞠躬，之后主持人致辞；然后众人齐拜，等候社王公、妈祖显灵；最终经过三次斟茶酒、烧纸钱之后，将祭拜专用的茶酒倒在社王公的面前——俗称“殿酒”，接着鸣鞭炮，至此拜社结束。

④ 返程

拜社结束后，各户收好全部祭拜用品及供品，前往下一个村。直至拜完全部应拜的村，再返回祖庙，并将木神相放回原位，作道别仪式后，出游结束。整个过程需要花费一整天的时间。

（三）土地崇拜

1. 概述

东汉《白虎通义》云：“天子求福报功，人非土不立，土地广博，不可偏敬也，故封土为社而祭之，示有土尊。”社为土示，稷为谷神，《风俗通义》释：“稷，五谷之长，五谷众多，不可偏祭，故立稷而祭之。”农耕文明是中国文明的底色，农业生产的根基是土地，对土地崇拜、信仰与祭祀习俗在中国各地普遍存在，这一传统逐渐演变为以“土地爷”“社王”或“社神”为主体的信仰和祭祀。

① 格：一种类似于轿子的装载工具。妈祖出游时一般需要三台“格”，其中两台装供品，另一台装一头洗净宰好的成猪。

在簕山，同样保留着“拜社”的习俗。村里的社位于靠近海边的一个小型广场上：“社稷之祀，坛而不庙，承受霜露风雨，以达天地之气。”[①]社王位面朝东方，正对海洋，坛上贡有两块石头，称为“救命石”和“发财石”。社内左右两边放有石制功德箱，其中一个已被台风损坏。面对社的左侧放有灶台，全村集体拜社时在此举炊。社前设香炉一座，为海浪将军的神位。关于村里供奉的两块石头，LYJ 先生向我们讲述了以下两则传说故事。

传说之一

社里供奉的两块石头，一块叫“招财石”。簕山始祖李常熙以捕鱼为生，他在簕山下海作业时，在石塘里发现有一块石头，长约八寸，厚约五寸，在水中半浮半沉，而其周围鱼虾很多。于是他后来每次下海就只到这个石塘里来，每次都是满载而归。就这样，日子一天天好起来，祖公认为这块石头能带来财运，是块“发财石”，就把它搬回去当作社王公来祭拜。

传说之二

始祖长子李德隆继承父业，与妻子两人常摇艇到东海捕鱼。有一次，他们在捕鱼时突遇台风，眼看小艇就要撞石，祖公眼疾手快，把艇锚索一搭，绳子就拴紧在露出水面的一根石柱上。小艇虽然稳定住了，但因风雨交加，不断颠簸。三天两夜，两人又饿又累。第三天鸡啼时，李德隆在艇仓里听到一声怪响，走出艇头一看，发觉是那根石柱断了一段，定神一看，也是神奇，只见艇的绳子又牢固地拴在了下面未断的石柱上。

他认为这石柱，是“救命石”，便把断下的那段带回家去，选择吉

① 《周礼·春官宗伯·小宗伯》第一篇。

日放在父亲当作社王公的那块“发财石”旁，同样当作社王公来祭拜。

2. 祭拜社王

除了传统节日，如大年三十、中秋节，平日里簕山村民也会去拜社，给社王公的神位上香、奉供品、烧纸钱。

全村的集体拜社是在农历二月初二。社节，即祭祀社神的节日，《修仁县志》载：“二月春社，乡民聚会祈谷，凡有石树立社碑处，皆鸡豚奉祀，分社肉，饮自龙酒，极为欢庆。”春社是为了庆祝社王公的生日，因此娱乐居多。簕山古渔村的村民们相当重视这个节日，每逢此日，村民都会集中拜社，为社王公过生日，尊崇他，以此纪念他的历史功绩，祈求他庇护村民，让众人平平安安过好日子。这既是一种精神的崇拜，也是一种感恩的表达。①

（1）筹备

簕山共70户人家，分为7组每年轮流组织做社。具体工作为：每年农历二月初二负责采购食材，在社王公旁的灶台烧菜做饭，然后召集大家前来吃饭。农历二月初二的供品与大年拜社的相同，数量相差无几，只是多一样“饭珠”——用煮熟的饭捏成圆球。“饭珠”的数量决定于有多少户人家参加做社，以户为单位，每户两个饭珠，如40户人参加拜社，那么就做80个“饭珠”。拜社之后，每户领两个“饭珠”，带回去给家人、家禽吃，寓意是社王公赐予的恩惠，吃了之后家庭平安，人财两旺。

（2）祭拜

农历二月初二这天，除了祭社，还要祭海。旧时，当地称“祭海”“祭社”为“拜海”“拜社”。“祭社”“祭海”是2009年开发乡村旅游工作之后才有的称呼。虽称呼和祭拜的形式均有所改变，但实际表达的精神与以前并无二致。祭海不另外举行仪式，社王公的神位前便是是海浪将军的神位。海浪将军是管治海的

① 高崧耀、覃思琰：《远去的神灵——广西昭平县仙回瑶族乡茅坪村社王信仰研究》，《广西民族师范学院学报》2016年第1期。

神仙，因此每次祭拜社王公时，也相当于在拜海浪将军。

第一次对外公开举办祭海、祭社是在2009年的农历二月初二日。那天也是簕山古渔村的旅游业开村迎客的日子，市、区的领导到场为开业致辞，人山人海，热闹非凡。

（3）设宴

祭拜后，大家在社王公面前举炊设席共进午餐，每户派一代表参加，共设13桌。

簕山古渔村的祭社、祭海活动，表达了人们对神灵的敬仰，以及对养育他们的大海之感恩，充分体现了防城港城市精神中的“敬人”与“敬海”。

（四）祖先崇拜

簕山村民十分敬重先祖。李姓在簕山村属于大姓，据当地资料显示，李氏祖先在明正统、景统年间（1448年前后）迁至企沙半岛榄埠江一带，育有三子，分为三个房头，每个房头之下又分为不同的房支。据LYJ先生说，簕山李氏的祖厅是从钦州到北海一带最大的祖厅。簕山大祖厅就是李家的大祖厅，祖厅内，第一层有两个香炉，右边是大祖的灵位，左边是二祖的灵位，下一层则是各家各户亲人香炉的代表。屋顶上挂着正月十五用来从各地招兵买马的军旗，以此保障村子的安全。李氏家族出过四位道公：李道能（原名：李春茂）、李能通、李通宪、李宪明（原名：李东干）。祖厅外的对联应验了家族文化，簕山人杰地灵、人才辈出，据《簕山古今名人册》记载，明朝时有状元李杏新，历代以来，有五至八品各个级别的官员数十名。近年来，村里也有不少人考上大学，因此，簕山人以簕山古堡为荣。[①]

在祖先崇拜中，祭祖是用以表达追思、祈求庇佑的仪式活动之一。簕山村民逢年过节都会祭拜祖先，如清明节、中元节、春节、元宵节等。

① 员宁珠、吕莉华、罗培敏：《被“古”韵味“渔”文化点亮的簕山渔村》，《生态文明世界》2016年第1期。

中元节，簕山村民用鸭子和猪肉祭祖。农历春节，簕山村民分为七个小组每年轮流组织祭拜祖先活动，从大年三十到正月十五，负责早上给祖厅开门、晚上关门，烧香放鞭炮等。集体祭祖的香火钱由当年小组负责人收取，祭祖的供品一般为一只鸡、一块猪肉、一条鱼、一颗蛋、三份饭和三份菜。簕山村民喜欢用鱿鱼，因鱿鱼体内有墨色液体，寓意着子子孙孙“肚里有墨”，即书香门第之意。

三、民间信仰的功能

（一）民间风俗与信仰的现状

民间风俗、信仰对于个体思想观念具有重要的塑造作用，同时作为一种内在力量推动社会结构的变化与发展。受旅游开发的影响，簕山村每年的年俗活动因游客们的到来而发生改变。

开大排档的人家会优先照顾前来簕山过年的游客，团圆饭会推迟到农历正月初七或者初八；开客栈的村民会和游客在不同地点过年。据香山客栈老板 LXS 描述，他会与自己的三位兄弟在一起过年，游客则与其家人在客栈庆祝新年。但也有些会因人而异，当地一位德高望重的老人表示：

> 春节当天游客不会很多，春节过后会多起来，主要来自重庆、成都、昆明这三个城市。大多数人都是住两三天，有时间还会再去北海、金滩或东兴这些地方。有时候游客们也会邀请客栈老板一起庆祝年节，一起放鞭炮、一起吃饭。
>
> 以前过春节的时候吃团圆饭很讲究的，因为穷，等到年节才有大鱼大肉、山珍海味吃，那时候最盼着过年哦，等到过年才能吃一顿好的。但是现在生活条件好了，每天吃的东西都像过年的时候吃的一样。所以最近这几年大家都不太重视这个了，就是吃得没有以前那么讲究。过年期间，开旅馆的要照顾客人、收拾房间；开饭店的要做饭给游客。所以

我们就会把大年初二的探亲推迟到正月初八或初十。

“宁愿自己少吃一顿，也要让游客饱吃一顿”可谓从事旅游服务行业的所有村民们遵循的职业宗旨。游客的到来使得渔村的社会文化结构发生了改变，村落产生了复兴传统民俗、发展新型民俗的趋向，这对部分文化起到了一定程度的保护与重塑作用。例如后来兴起的“新型”民俗活动“观潮节”，除了壮丽的景观表象之外，其包含的人们对自然与海神的信仰与崇拜精神，也是支持它能够运作的基础，游客带来的经济效益更是让其“如虎添翼”，助使它蓬勃发展。

同时，也会有一些传统民俗活动在此种情况下被“筛选”。可以成为文化资源的部分被保留与改造，而难以保留下来的部分，如若没有以“非遗”的名义来对其进行解释，便会成为主流认知里的“封建迷信”，从而被摒弃。例如“看鸡脚”这一仪式活动，当笔者问起当地的村民时，村民们皆表示“这是封建迷信的东西，是不可信的”。现如今，在簕山没有人懂得“看鸡脚”。“看鸡脚”已被移出祭祀流程，消失在文化的长河中。

值得注意的是，经济效益作为“催化剂”推动的民俗活动，其生命力往往是“昙花一现”。例如上述“观潮节”，据当地人所述，自开村以来办过几次之后，近年来便不再举办了，因为缺乏拨款，村民们也没有实力集体出资合办，最后不了了之。

但这并非意味着村民们只受金钱驱动，而对一系列信仰仪式活动不再重视。相反地，由于经济的提升，人们在此之上的花销反而更高。例如春节期间，人们会开支大笔钱财供奉祖先，主要是为求得祖先的庇佑。村中的老者告诉笔者：

大年三十到正月十五期间，祖厅内每天从早到晚都会有人烧香供奉，各个姓氏的村民拜各自的祖厅。像我们L氏家族，每年都会有轮值的组长负责挨家挨户上门收香火钱，因为是给老祖宗的，大家都很愿意花这个钱。

综上所述，旅游开发、时代发展对当地文化产生的影响是双方面的，传统的节日活动会减少与简化，而游客的到来所带来的经济效益又催生出新的文化，产生新的活动。因此，当文化带上了商业性质时，人们需要警醒和反思。

（二）民间信仰的功能解析

1. 慰藉

在长期的海上作业中，簕山人创造出一套自有的应对海洋灾难的精神慰藉方式：在渔船上放一个秤砣和一些米，当龙卷风来袭，便将秤尾对准风来的方向并朝之撒米，他们相信这样的行为可以驱使龙卷风远离自己。

在过去，远航出海捕鱼的渔民通常会在海上待一个月，出发前，他们往往会祭拜庙、社和家中的祖公，以保平安。在渔民的船中，还会有一个专门用于放置神像的地方，突遇疾风暴浪时，渔民就会祈求神明，保佑其平安度过危险。

海边灾难颇多，自然力量的强大常常超出人们掌控的范围，面对灾难却无能为力时，心中威力无比的“神明”似乎成了他们最后的防线。他们把一些化险为夷的事例归结为神明的庇佑，认为他们所信奉的神明帮助他们消除了恐惧与灾难，从而使他们能够更加积极的应对灾难。在此过程之中，簕山人的信仰不断被强化。

簕山人每年都会许愿祈福，同时还会还愿。还愿必须在新的一年开始之前，并且要行最大的礼。例如，许愿时的贡品为猪肉，还愿则需要用猪头和猪尾。簕山人相信给出的越多，得到的庇佑就会越多。相应地，如果到了年末没有还愿，那么来年许的愿则不知是否能够实现。向祖先或者妈祖许愿既是对今年目标的明确，也是对心理的调节。当遇到人力不能解决的问题心生焦虑、对能否战胜困难产生怀疑之时，许愿祈福发挥着调节民众心理的功能，激励着民众以一种平静且积极的心态去突破重重阻拦。

簕山人常通过祈求神灵契保佑自己的孩童平安健康，最常见的是“认树为契”，因为他们认为，“五行属木”的孩童需要找一棵同样为木的事物来当做自己的“契公”或者“契爷”，那些求自己的小孩平安长大的父母也要认其为契。村里也有寻找神明认契的，例如，认妈祖为“契母”。

然而，无论是认树木为契还是认神明为契，认契仪式实质上是一种巫医治疗。巫医治疗是通过某种仪式调动所谓的“神秘力量”来达到治疗的效果。马凌诺斯基在《文化论》中写道：“巫术可以增加自信，使人对于难题抱着积极应付的乐观信心与态度，即使身处危难关头，也能保持或重塑个性，并调整人格。”①巫医通过某种仪式治疗疾病，这可以用心理学上的自我暗示来解释，即巫术起到了一定的心理治疗作用，从而缓解了病人的病情和痛苦。②在当地，人们会为多病难养的小孩“认契”，并认为通过这种方式孩子会获得他人以及神灵的庇护。当地人认为“认契”带给他们心理上的慰藉，消除心中的痛苦和恐惧，从而强化了抚育孩子的积极心理因素。

2. 认同

共同的信仰是将村民个体牢牢聚合在一起的无形力量。“社会认同”是弥尔顿·戈登提出的用来衡量个体在主体社会中的融入程度的一个标准。社会认同既包括客观特性的认同，也包括心理认识上的一致性关系。③信仰是构成认同的重要因素之一，而为信仰所进行的祭祀活动又是加固认同的一种方式。王铭铭认为，宗族有自己的祖田、祠堂、祖庙，它们构成宗族认同的核心。④人们在代表宗族的共同领域祭祀，寻求认同。

簕山原有五个社王，对应村里原本的五大姓氏：李、夏、陈、雷，还有一个未知。渐渐地，后两个姓氏的族人一个搬到黄屋屯去，还有一个因人少而绝后，只剩下李、夏、陈三家。后来夏、陈两家的人数越来越少，李家最为庞大，于是逐渐发展为只拜李家的社王，三姓兄弟最终拜一社。

---

① 马凌诺斯基：《文化论》，费孝通译，华夏出版社，2002。
② 马雷特：《心理学与民俗学》，张颖凡、汪宁红译，山东人民出版社，1988。
③ 郁晓晖、张海波：《失地农民的社会认同与社会建构》，《中国农村观察》2006 年第 1 期。
④ 王铭铭：《村落视野中的文化与权力：闽台三村五论》，生活·读书·新知三联书店，1997。

簕山居民每逢节日或者平日里遇到特别的事情都会拜社。祭拜社王是簕山居民满足心理需要，也是给予人们心理慰藉的方式。更重要的，其是在祭社活动中对同一社的认同，这一举动加强了社区内部的团结，是村落保持和谐稳定的重要因素。时至今日，许多簕山人都已经忘记曾经的一姓一社，而是皆认同今天的社公掌管着全村的土地。

信仰风俗是传统文化的一项重要内容，它具有慰藉、认同、社会约制及丰富生活等良性功能。簕山的传统文化并非最具代表性，但相较于周边一带的渔村，它是保存得最为完整的，也是村落之所以能够成功开发与建设的“魂”。受海洋因素的影响，一切与海洋有关的民俗信仰激发了人们的创新精神，把人们行为从固定模式中解放出来，消除人们在忙碌生活中的紧张与拘束，传统的民俗信仰活动发生了再造。例如“祭海”与“祭社”，在过去是为了“敬神”与“娱神”，如今更多地是为了“娱人”。文化在历史的演变中不可避免地发生变迁，社会的发展、人们对科学理念和客观世界的认知也使得当地人对信仰的虔诚度有所变化。以前渔村人所从事的生产活动具有危险性与不确定性，只能依靠祭拜祖先和神灵以求精神寄托，取得心理安慰。而生活水平提高后，从事海洋渔业人员数量随之减少，且生产活动中所有危险因素都有相关的科技手段来解决，人们鲜少再依靠超自然力慰藉。同时，旅游业的开发也使当地的文化与外界产生交流与互动，为了顺应游客，部分传统民俗活动步骤去繁从简，而具有特色的民俗活动则化简为繁来吸引游客，让游客一同参与其中。

第三节　婚姻习俗留存

一、家族的历史及其传承

（一）总体情况

簕山古渔村位于防城港企沙半岛东南方向，是企沙镇牛路村下的一个自然屯。簕山古渔村世居李、夏、陈三个姓氏。从空间布局上来看，李家集中分布在村中央，夏、陈两家位其两侧。在簕山古渔村，李姓人口最多，其次为夏姓，陈姓人口较少，加之笔者未能有机会与陈氏一族的村民进行访谈，因此在本节对陈氏暂不做描述。

（二）李氏家族

相传簕山是一片“蟹型”的风水宝地，海富景美，且长有一种神奇的树，能治百病，被称为“神药”，名为“簕”。为纪念簕树奇缘，牢记簕树功劳，村名取为簕山。

簕山古渔村流传着一首《李氏班辈排序表歌》：“春发子杏东李元，心香丽美色相联。长庚世泽支分远，启振家风万载傅。”据簕山李氏族谱记载，其姓氏渊源上溯，可分为血缘始祖、改姓前之理氏始祖和得姓始祖三个阶段。血缘始祖源及黄帝；虞舜时代的皋陶是理氏始世祖；皋陶后代为避纣王加害，携家出逃，路上得李树果子充饥活命，为纪念李树活命之恩，更是为隐姓以保命，遂改“理”为“李”，后在河南苦县定居。自此，李姓瓜瓞绵绵，枝繁叶茂。老子（李耳）是得姓始祖的十四世祖。宋景泰年间所修李氏族谱中载，后来有了“陇西堂”为堂号的李氏分支，以李昞为第一世祖。李昞曾事北朝西魏周帝有功被封唐公。周灭后，李昞复事隋赐帝，仍封唐公。其子李渊（唐太上皇）为二世祖，李世民（唐太宗）为三世祖，盛唐大诗人李白为十世祖。

在中原族群不断南迁的历史中，有一支“陇西堂”李氏族人迁至北部湾畔定居。这支李氏族人的谱牒上记述的一世祖名为李常熙。[①] 簕山李氏的始祖李常熙，是广东省广州府三水县人，在一千四百多年前从广东移居到钦州府东海九龙鸡窝村，后来又迁移到西海榄埠村安居。受室吴氏，生有两个儿子，长子德隆，次子德凤。长君配张氏，次君配骆氏，次君无生养。长君夫妇于公元 1448 年秋带领全家迁移簕山安居，生有四个儿子：长子春秀，次子春芳，三子春辉，四子春

① 卢岩：《防城港文化遗产丛书：非物质文化遗产部分》，广西人民出版社，2010。

茂。前三兄弟迁往天堂角开居，捕鱼为生，子孙绵绵。后来，长子春秀从天堂角迁移回黄泥潭。四子春茂安居簕山，兴隆发达，生有三个儿子：长君发樟，配苏氏；次君发林，配吴氏；三子发梅，配邓氏，又娶龙氏。依次分为三大房：大房住村中间，二房住村东，三房住村西。

因此，据簕山李氏族人的谱牒所记述，从始祖常熙公至今，簕山李氏已有十二代（至丽字辈），即约为四百八十年的家族发展史。

然而，李姓村民不论男女老少大都认为自己是甘肃陇西李氏后裔，并且家族的迁徙是先迁往福建，再迁去广东，最后才来到防城港的，更有甚者认为其家族是李白的后裔。村子的李氏古堡中轴线上的祖厅门口挂着一副对联：柱史家声远，青莲世泽长。此对联用以彰显家族的源流。根据 L 先生的解读：柱史取自李唐王朝的开创者李渊的祖父李虎在西魏时授封柱国大将军，青莲则取自李白的号。该村子的人对于家族来源的讲述不足为信，家族史附会中原历史在少数民族边疆地区是常见的行为，李唐皇族也常常被各地李姓追祖认宗，家族认同为李白的后裔似乎与村子的旅游开发有关。而据簕山李氏的族谱记载："太祖原系广东省广州府三水县人也，其后裔散处，遐于今难考核，追族无谱，惟述我。"后来的续谱亦载："第七世以上举目嘹然，第八世以下未经备录。"笔者认为，其族谱也说明了其家族的上源无法追溯至李唐皇族。

（三）夏氏家族

据夏氏多位村民所述，夏氏祖籍在福建。迁徙路线是从福建到北海合浦，接着到钦州，再到三口浪，最后到簕山古渔村。夏家迁到此处甚至比李家还早六十年。夏家和李家虽不是亲戚，但情同手足。平日下海打鱼，都是李夏两家共同协作。在旧年代，夏家与李家人数相差无几，如今夏家人数比李家少，是因为当时的村子交通闭塞，农业难以发展，所以大多数人都迁出本地去了其他地方。近一点的去光坡镇、企沙镇或防城港；远一点的，则是去了越南、英国、美国等国家。绝大多数人都把生存的希望寄托在外面的世界，因此人口源源不断地向外流动。据村民 XJB 说，最开始迁入这里的三户人家，其中两个分别叫夏子珍、夏祖峰，另外一位已经记不清了。清朝，夏氏曾出现过两位八品官员，其中一个名叫夏承标。

为了加强与已经分散到全国各地夏氏的商业、文化交流，当地成立了“夏氏宗亲小分会”，这里建立的小分会代表的是防城港市的夏氏族群，不单指簕山。夏氏宗亲会认为其姓氏出自大禹之姒姓，为了壮大夏氏宗亲会、传递大禹精神，成员们会在互联网社交平台上广寻亲友，用自己的真实名字作为网络昵称，或是在网名后面加上“夏氏文化传播者”等提示性的后缀词，便于亲友相认。

二、婚姻习俗

（一）婚姻的概念

一般认为，婚姻即是一个男人与一个女人之间持久的联结，并赋予配偶互相专有的生活和经济权利，也赋予由婚姻而生的孩子以社会身份和权利。黑格尔认为，婚姻是具有法的意义的伦理性的爱。而一些强调婚姻精神层面的学者认为，婚姻是以夫妻纳入全人格结合的共同生活体，并非以给付和财产交换为目的。[①] 人类婚姻在历史发展过程中，经过时间沉淀，形成了具有相对稳定性的婚姻文化。[②] 同时，社会科学界也意识到婚姻是人类社会演进的产物，并随着社会的发展而不断变化，反映了包括经济基础、社会结构和上层建筑在内的人与人之间的相互关系，其中起决定作用的是经济基础。而更为狭义上的婚姻是指社会为孩子们确定父母的手段，男女相约共同担负抚育他们所生孩子的责任就是婚姻，在社会的公认之下，约定永久共处的方式来共同担负抚育子女的责任。婚姻是维系一个民族自身繁衍和社会延续的最基本的制度和活动。它反映出不同的历史、地域特征及文化传承的背景对不同民族的社会生活习惯等方面造成不同的影响，形成各不相同的特征。

① 郑一省：《婚姻家庭与亲属制度》，世界图书出版广东有限公司，2021。
② 冯媛：《婚姻的本质——婚姻不能承受之重》，《家族企业》2020 年第 12 期。

（二）通婚范围

簕山古渔村的村民构成以李氏为主，以及少部分的夏氏和陈氏。簕山的李氏供奉着同一先祖，因此直到现在，簕山古渔村社会都流传着同姓不婚的习俗。笔者调查了村里“心”“香”两代的通婚范围，主要分布于拥有共同方言的隔壁村、镇。原因如下：一方面，两代人生活的时代，通讯设备和交通不及现在发达，认识其他城市甚至其他省份的人都很困难；另一方面，两代人从上学到工作基本都没有离开过家乡，客观因素限制了两代人的认识恋爱对象的范围。通过访谈，笔者了解到两代人的恋爱方式都比较自由化、多样化，大致可以分为“业缘”——因工作而结缘和“说媒”等。

访谈人Q姐与她丈夫的相识故事就是典型的“业缘”案例。Q姐是企沙镇人，她的先生LXA是簕山人。LXA高中毕业后到东兴造船厂工作，在那里结识了同事Q姐。现在两口子已经退休，搬回簕山古渔村过上了养老生活。无独有偶，YBW客栈老板娘P姐与老板L叔也是在工作中认识。P姐来自簕山的隔壁某村，L叔是簕山人。据L叔自述，自己和老板娘是在工作的时候认识的，当时两人都在同一所小学当老师。两人于1996年结婚，至今已近三十年。夫妻两人育有两子一女，现在共同打理客栈。

俗话说：“天上无云不下雨，地上无媒不成亲。”说媒是传统婚姻制度下的一种特殊行为。即男女双方通过中间人从中说合，结为夫妻，这种方式即“说媒”。YP客栈的阿婆来自钦州市，与老伴阿叔相识正是通过媒人的介绍。GC客栈的阿婆来自山新村，同样是通过说媒结识了阿叔，育有三子一女。XSMT的X姐同样来自山新村，她则是通过同学和朋友认识了邻村的LXA。X姐表示，在相处中她发现LXA尽管大大咧咧不懂浪漫，家庭条件比较拮据，但非常努力，很有上进心。后来他们成立了家庭，经过两人的艰苦奋斗，实现了买房子的梦想。

通过访谈，笔者厘清了X姐家族两代人的通婚范围。

表 1–1 李氏家族部分成员通婚范围表

序号	姓名	性别	婚配对象祖籍地
1	LXJ	男	钦州市九龙镇
2	LXQ	男	光坡镇谭油村
3	LXL	男	企沙镇
4	LXL2	男	大龙村
5	LXN	男	企沙镇九龙寨
6	LXA	男	企沙镇山新村
7	LXL3	男	企沙镇山新村
8	LXM	男	企沙镇牛路村
9	LXJ2	男	大录镇
10	LXB	男	光坡镇红沙村
11	LXG	男	企沙镇
12	LXJ3	男	崇左市

从上表可以看出，两代人的通婚范围基本重合。其中，6 人的配偶来自企沙镇及下属的村子、3 人的配偶来自光坡镇下属的村子、1 人的配偶来自于防城区的大录镇，还有 2 人的配偶在周边城市。

随着互联网时代的到来，越来越多的簕山人离开家乡，到大城市里读书生活，簕山人尤其是两代人的下一代——“丽”字辈，有了更多结交远方朋友的机会，簕山人的通婚范围也相应扩大了。

（三）年龄变化

结婚年龄是衡量一个国家或民族婚姻状况的重要标志。结婚年龄的变化能够反推出造成其变化的社会现实。经过简单的统计，不难看出“心”字辈的结婚年龄普遍比晚一辈的“香”字辈稍晚。根据表 1-2 数据统计，“心”字辈的平均结婚年龄为 28.6 岁，中位数为 28 岁；“香”字辈的平均结婚年龄为 26.2 岁，中位数为 23.5 岁。

笔者通过访谈得知，“心”字辈所生活的年代条件比后辈们艰苦，且政策提倡晚婚，因此他们得先有能力养活自己才会考虑结婚。“心”字辈的LXA是1985年1月结婚的，当时国家提倡25岁以后结婚，村里很多人都选择在28 ~ 30岁结婚。其妻子Q姐说自己是在26岁时与LXA结婚的。她说道：

当时我住的地方地理位置可好了！旁边就是市政府、派出所、盐场。我那时在生产队工作，每个月能分到的钱有40块，而且我自己还种菜卖。大家都在忙着挣钱，村里的女孩们经济实力都很不错，哪里想结婚啊！

笔者在访谈“香”字辈时了解到，在“何时结婚”的问题上，他们的态度多是“没有太多考虑”或“顺其自然”。也有比较突出的个案：41岁才结婚的LXM，则是出于他个人的执著——他曾说过攒够钱才结婚。村民说，虽然他结婚迟，但娶了个好老婆，也是幸运。结婚年龄的改变，也从侧面反映出簕山的生活水平逐渐提高。

表 1–2　李氏家族部分成员结婚年龄表

序号	姓名	性别	结婚年龄
1	LXJ2	男	33
2	LXQ	男	28
3	LXL	男	28
4	LXL3	男	30
5	LXN	男	24
6	LXA	男	23
7	LXL	男	21
8	LXM	男	41
9	LXJ	男	23

续表

序号	姓名	性别	结婚年龄
10	LXB	男	24
11	LXG	男	未婚
12	LXJ4	男	25
13	LXS	男	未婚
14	LXX	男	未婚
15	LXC	男	未婚

（四）婚姻习俗

1. 结婚

相对于传统的簕山婚姻习俗，现代婚俗已不再繁琐，但仍有许多讲究和禁忌。目前，簕山依旧保留着“送亲”的习俗。结婚前一日，新娘会先在娘家摆酒席，与祖公拜别。第二天，亲人将新娘送至男方家。由于过去簕山人的通婚范围大多都在附近村庄，送亲时一般走路，有时也会雇一辆拖拉机帮忙送亲。送亲过程中，新娘进入男方家门时也会有讲究，女方进男方家门时需要撒小面额的钱和五谷杂粮，有时还会让小孩子捡拾洒落的钱币。近些年的婚礼中，送亲习俗已发生了变化，例如送亲途中，男方也需前去接亲。生活条件的改变也促使接送的交通工具由走路或者拖拉机转变为了汽车。

现在的婚礼大多由男女双方合办，不少人还会选择到酒店办酒席。尽管现在的婚礼尽可能去繁从简，但规矩仍然少不了。据访谈人所述，现代的簕山人结婚首先要选日子，一般不会选择六月，因簕山古渔村有一种说法：六月多风多雨，不吉利。其次，新郎接亲之前，男方要派专门的媒人背着两个装有米、稻谷、花生、红枣、酒、肉和礼金的大箩筐，去女方家进行沟通，同时，女方的直系亲戚须备有一块猪肉。新娘在出嫁前需要先跟自己的祖先拜别；新娘在出娘家门的时候，不能踩门槛、不能回头看；到了婆家，新娘下车前必须先将女方装有嫁妆的箱子提进男方家夫妻的房间；新娘下车时须由长辈给新娘撑伞，且撑伞人不能走在东边；新娘进婆家门之前，夫妻两人要一起祭奠、拜祖，之后方能办酒席。从新娘家接亲回来第一件事就是祭祖，祭祖完成就代表着男方承认新娘是家中的一分子。同样地，新娘进大祖厅拜祖时不能踩门槛。最后，还有亲兄弟不能在同一年结婚等习俗。

2. 离婚

在簕山，离婚是比较常见且普遍的事情。年轻一代的簕山人已经将离婚视为一种正常的现象，老一辈的簕山人同样不会认为离婚是一件丢脸的事，更多会判断当事人双方离婚的原因，在这之中也不会因为性别而偏袒哪一方。

3. 婚育观念

孩子的诞生是一件喜事，在簕山每当有孩子出生，家人便会去到大祖厅祭祖，将喜事告知祖先，祈求祖先保佑。在过去，如若哪个家庭生了孩子，为庆贺喜得贵子，就会挂上花灯。一般在当月农历初十上午，去到祖公的厅堂准备三生贡品拜祖公，以保佑孩子平安。拜过祖公之后即放鞭炮，然后将花灯挂在祖厅中央的横条木上。无论白天还是晚上，花灯都有亮光可见。长灯从农历初十点到十五，昼夜如此。如遇大年十五，上午拜完祖公放完鞭炮后，需将花灯卸下，并当场在祖厅（天井）的前面烧毁。上灯、完灯这些习俗，寓意着供祖保佑孩儿平安，健康成长。

小孩满月同样是一件喜事，家人会带着满月的孩子去祖厅祭拜祖先。一般在活动前，家族成员会共同讨论筹办的细节，例如需要多少资金，指派成员进行物品采购等。活动开始时，大家便会聚集在一起，共同完成活动。在过去，满月除了拜祖外还会戴平安锁，平安锁是用红绳穿过十二个铜钱做成的项链。

部分簕山的老一辈有两三个孩子，陈家的阿婆育有一子两女，她告诉我们，20 世纪 80 年代，自己周围的妇女朋友都只生有一个儿子，不少妇女在儿子离家去外地上学后会收养一个女孩（当时女婴弃婴多），周围的朋友都劝自己也收养一个。阿婆回家问了家人，自己的父母、爷爷奶奶都反对，但丈夫和儿女都喜欢，因此收养了一名女儿。元品客栈的阿叔育有一儿一女，他表示：一个孩子养老压力太大，自己家里两个父母加上对方家里两个父母，会造成很多压力。多个孩子以后养老负担可以轻松一点。到了晚一辈（香字辈），尽管二胎三胎的政策逐渐放开，但生育观念的转变趋向理性，例如一些人认为生二胎生活压力会加大，若生了二胎也担心自己没有能力抚养，因此有一定的能力后才会考虑。

三、家庭形式与分工

家庭是以婚姻和血缘关系为基础的社会单位。婚姻产生了夫妻关系，继而形成由各种成员组成的家庭，也有了从属的亲属关系。家庭在社会中起着至关重要的作用，其功能在社会、经济、文化、教育等各个方面均有涉及，渗透人类的一生。

（一）家庭形式

簕山的家庭大多以核心家庭为主，即父母和未成年子女或者未婚子女组成的家庭模式。在簕山，子女成家后都会搬离父母，很少有成家后仍与父母一起居住的情况。

在簕山古渔村实际调研中，笔者采访了 X 姐丈夫家的家族。家族成员共 23 人，其中已成家有 11 户，都是“心”字辈和“香”字辈，均为核心家庭。“心”字辈的 LXN，其两个儿子 LXX 和 LXC 一个在外打工，一个在上学，都没有结婚，因此没有分家。此外 X 姐告诉笔者，在簕山很少有人没结婚前就有房子，若父母有能力就会另盖或者买房子。

如果家中有独居的老人，那么子女则会让其与自己一起居住，方便照顾。笔者在 YBW 客栈与 L 姐的访谈中了解到：其爷爷已过世，奶奶 96 岁，轮流与三个儿子居住，一般三个月轮一次。成家的三兄弟轮流照顾独居的母亲，平等承担责任，共同分担照顾老人的压力，在保证各自家庭情感联系稳定的前提之下，以一种灵活的方式解决了空巢老人的问题。

表 1–3 李氏家族部分成员核心家庭表

序号	姓名	性别	家庭人数	成员
1	LXJ	男	1	本人（未婚）
2	LXQ	男	2	本人、妻子
3	LXL	男	2	本人、妻子
4	LXL2	男	2	本人、妻子
5	LXN	男	4	本人、妻子、二子
6	LXA	男	3	本人、妻子、一子
7	LXL3	男	4	本人、妻子、一子一女
8	LXM	男	2	本人、妻子
9	LXJ2	男	3	本人、妻子、一子
10	LXB	男	4	本人、妻子、二子
11	LXG	男	1	本人（未婚）
12	LXJ3	男	4	本人、妻子、二女

（二）家庭分工

1. 经济分工

簕山人“靠海吃海”，但男女“吃法”各不相同。簕山的女性擅长挖螺、挖沙虫，在滩涂敲生蚝粒。笔者居住的 XS 客栈，老板娘就曾获得村里挖沙虫比赛的冠军。现在专业挖沙虫的主体已经转变为外来工人，海边挖螺、挖沙虫、敲生蚝粒对当地妇女来说已是业余农活。簕山的男性从事渔业，主要负责出海打鱼、售卖渔货。

若夫妻共同出海，则男性负责拖网、操作机器等，女性负责挑拣分类等。笔者在田野调查过程中，有幸与一对夫妻共同出海，目睹他们海上作业：男的拉网，并将网中捕到的海产品倒入大盆中。拉网是个体力活儿，100 米的地笼，笼中装着海产品，又受到水的阻力，这对拉网者的力气有很高的要求。女的则迅速将倒出“战利品”后的空网一个个叠好摆齐，同时把那些游客们不需要的海产品重新投回海中，如小河豚、比目鱼、海胆等。之后重新把空网投入海中，如此反复。把网全部投入水中之后，女的开始清理船板上的杂物，多半是一些水草和泥巴。至此，一个小时的海上作业便告一段落。

在簕山的一些家庭中，若男性从事的是较为固定的渔业，那么女性所从事的职业则会相对多元化。现如今，簕山的女性大多选择上班而不再出海，有些女性甚至身兼多职。

X 姐是 XAMT 的老板娘，其在儿子出生后便不再出海。在此之前，她也有过外出务工的经历，现在与亲戚共同经营着一家早餐店。除此之外，她还有自己的螺场，同时也曾是附近幼儿园的一位教师。X 姐多元化的职业呈现，一方面是因为有改善生活的梦想，另一方面是由于渔业收入的不稳定性——出海得看季节，比如雨水多的季节，渔获量就会变少，家庭收入也会随之变化。从事海洋捕捞的同时，再以客栈管理及其他副业作为收入来源，就可以稳定家庭收入。

> 我刚嫁过来时，居住的老宅面积不大，房间也不多。那时候的想法就是努力挣钱，尽快盖一栋房子，改善现在的生活状况。所以那时同时做几份工都不觉得辛苦。有次临近台风天气，那天晚上电闪雷鸣，我自己开车载了很多木桩去加固螺场。晚上十点钟去，凌晨两点钟才往回走，三点再回到客栈关窗，四点才睡下，一早六点半又起床上班……现在房子建起来了，内心感觉很幸福，经过努力打拼，终于有了属于自己的房子，无论多辛苦，现在都觉得一切是值得的。

实际上，X 姐的丈夫 LXA 同样身兼数职。他从事渔业，旅游旺季时开船载游客出海；放螺苗的季节（3—4 月），他开拖拉机运输螺苗到螺场；收成的季节（9—10 月），再把螺从螺场运出去售卖。

一般而言，家庭经济支出由夫妻双方共同管理，某一方不会将钱交给另一方。在日常花销上，例如购置食品、日用品等消费，若一方支出，另一方并不会过问；只有大事才会商讨，例如买卖船只或购置大型电器，需要双方共同商讨决定。

2. 教育分工

在过去，簕山古渔村的渔民们自幼便跟随自己的家人出海，学习捕捞知识、掌握捕捞技能、观察鱼类的行动特点、了解鱼群的动向规律……这些知识和本领都是要经过日复一日、年复一年的风吹、日晒、雨淋的海上作业才能习得，并熟练运用。

现如今，簕山的渔民们越来越重视子女文化的培养，这样的培养一般由家庭中的女性负责。X 姐的儿子，从平日里的学习辅导，到与老师沟通交流，都由她负责。X 姐的丈夫较少参与。但当孩子不听话时，他也会出面与孩子交流。

3. 家务分工

家庭事务分工有多种类型，有的是女性为主、男性为辅，有的是女性主内、男性主外，有的是夫妻各自负责一半。在簕山的家庭中，男女两性在一些工作上并没有明确的分工，主要是互助型，即家中大小事务由男女双方共同决定。例如开客栈的家庭，轻活一起做，重活因女性力量有限一般由男性包揽，但是两者间劳动分工并没有明确的界限，谁有空谁就去做。

从簕山的家庭分工中能明显看出女性所作的家庭贡献并不比男性少。例如出海时，相对危险与粗重的工作普遍由男性承担，女性更多地从事较轻松的工作；另外，回到家中，女性一般管理客栈相关事务，而男性除了帮助辅助女性管理客栈以外，还需要对在海里捕捞到的鱼类进行售卖或者二次加工。

在簕山，将渔业收入作为第一收入来源的家庭不多，从实际投入劳动来看，男性在其中出力相对有限，甚至在很多时候，女性为家庭所付出的努力与艰辛丝毫不亚于男性。她们从事多项职业来增加家庭收入，选择小本生意或较为稳定的职业来维持家庭经济。即便如此，男性在家庭之中居于“主导”位置的情况仍较为普遍。例如，在村内民宿取名一事上，人们往往选择以男性的名字作为店名招牌。由此可见，在当地，男性力量与权威仍具“绝对性”。但总体来看，簕山古渔村的女性在家庭中作出的突出贡献是毋庸置疑的，不仅仅在经济上有货币投入，同时在教育上也有了精力投入，她们是家庭稳定性、安全性和延续性的重要保障。

一种文化之所以继续存在，靠的是创造它的那些人把它当作是一种遗产来代代相传。[①] 作为村落之"魂"，簕山的传统文化能够保存至今，离不开人们的守持与传承，即便人们坚守的初衷中也许有一定功利性目的，但最终都牢固了文化留存的根基。在渔村的文化传统认同上，渔村的文化传统等价值体系在维系村中稳定和安宁的乡村秩序起到了核心作用。正是在这些文化观念的影响下，村民们共同生活、互帮互助，使渔村生活充满了浓厚的人情味儿。时代在改变，渔村文化也在嬗变，但人们仍在坚守，在时代的浪潮中坚守渔村文化的底蕴，在时代流转变化中坚守渔村文化的精华，唤起渔村文化振兴的勃勃生机，真正实现渔村文化的自信与自立。

① 罗伯特·芮德菲尔德：《农民社会与文化：人类学对文明的一种诠释》，王莹译，中国社会科学出版社，2013。

第二章

转型与坚守：簕山古渔村乡村旅游开发与村内互动

20 世纪 90 年代以来，国内乡村旅游业得到长足发展，有关乡村旅游的研究显著增强。其中，乡村旅游社区的社会关系变迁研究不仅是学界研究的热点，也是探索乡村发展的基础与核心。这是由于乡村社会关系与乡村经济发展密不可分，复杂的社会关系变化影响着乡村现代化进程。在这一旅游开发热潮中，簕山古渔村依托其独具特色的海洋资源优势，挖掘古村历史文化内涵，逐步形成了休闲娱乐、生态观光与生活体验于一体的乡村旅游形式，形成了“古村、古树、古渔猎”的特色旅游村，产生了较大的社会和经济效益。不仅带动了簕山经济的快速发展，优化了农村的产业结构，并且有力地打破了以往封闭式的传统渔村模式，发展成为与外界密切联系的新型旅游村。

随着经济发展与文化传播，现代生活元素的融入以及陌生人群的介入，簕山古渔村发生了“传统”与“现代”元素的碰撞与融合，促使传统的乡村社会关系产生重要变迁。旅游开发加速了乡村的社会关系进入动态演变的过程，在经济理性惯习的作用下，以情感为基础的传统“差序格局”正在减弱，而以利益为基础的“差序格局”逐渐扩展。但是经济理性并没有完全取缔血缘、姻缘的作用，“差序格局”仍旧存在，乡村社会关系逐步向理性化、多元化、异质化方向转变。为正确把握旅游语境下的乡村社会关系，了解村落重构过程中的多方互动关系显得尤为重要。

综上，本章主要内容为旅游发展过程中村庄内部关系的动态演变，具体讨论旅游参与主体（村民）、旅游开发主体（政府）、旅游体验主体（游客）三个不同主体，在旅游开发发展过程中进行互动而引起的社会关系变迁。从乡村互动的视角探讨乡村建设下的“变”，重点关注渔村在政府引导下村落社会关系的重构。随着全球化、城市化进程的加速，一场政府与村民共同参与的旅游开发，使得传统的渔村空间不断被重塑与创新。从历时性角度关注乡村建设中村落、村民、政府、外来人之间关系的重构，了解渔村随着旅游开发由“闭塞”转向“开放”，村民由“闭合”转向“流动”，村落之间的关系从传统社会的“安土重迁”“背井离乡”到再次回村“安营扎寨”，一起守望相助、互助互惠的过程。传统的行为规范、价值体系、交往模式、生活模式在潜移默化中得以留存与修饰。宗族制度构建的强关系也由亲缘之外的地缘、业缘、学缘等各类关系所重构。

第一节　簕山古渔村旅游开发概况

一、开发溯源

簕山古渔村是一个滨海的小村庄，此地被选择进行旅游开发建设，是多种因素共同决定的。

其一，簕山古渔村的旅游资源丰富，具有可行性。簕山村地理环境优越，临海的村庄景色优美、空气新鲜，有着海天一色的自然风光，蔚蓝的海水以及翠绿青葱的红树林交相辉映，吸引众多游客前来观赏游玩。簕山村民素以“耕海”为生，民风淳朴，生活悠闲安逸，这一要素正好满足了当代人远离城市喧嚣、回归自然、休闲放松的需求。簕山村民以“耕海”为生，包括传统的养殖生产，以及海洋捕捞和挖沙虫等生产活动，这些生产活动也可以作为渔业休闲项目，为游客提供临海地区专享的娱乐活动，不失为一种独特优势。此外，簕山古渔村已有三百多年的历史，村史文化渊远深厚，是广西沿海地区现存较完整的古渔村之一，亦是北部湾沿海渔村历史发展变迁中颇具代表性的缩影。其古建筑和村庄历史文化也是一种旅游资源。

2009 年之前，簕山古渔村还未正式进入旅游开发阶段，当时的簕山古渔村是一个渔农并存的村。村民们主要从事传统渔业生产，养殖螺（文蛤）、出海捕鱼、挖沙虫等，由于田地少，平时只种些花生、玉米和蔬菜，供给自家食用。旅游开发前的簕山古渔村自然风光大好，海滩有奇形怪状的巨石，另外还有保存完整的古树林，空气清新环境舒适，是不可多得的休闲去处，吸引了周边的群众前来游玩。游客在休闲娱乐、观赏美景之余，还会向村民购买海鲜，因为这里的海鲜物美价廉。由于簕山彼时尚未进行旅游开发，村内没有开办客栈和饭店，由此游客在此地停留的时间不长，而这也是催生旅游开发的因素之一。

其二，社会主义新农村建设，为簕山古渔村旅游开发提供了良好的政策环境和发展机遇。党的十六届五中全会提出“生产发展，生活宽裕，乡风文明，村容整洁，管理民主”的方针，明确了社会主义新农村的要求。为积极推进社会主义新农村建设，防城港市港口区区政府于 2009 年 7 月 19 日成立“社会主义新农村建设工作领导小组”，簕山古渔村被纳入“社会主义新农村建设示范点”。工作组开始驻村工作以来，充分利用簕山独特的旅游资源，积极推进新农村示范点建设，围绕新农村建设与发展滨海旅游相结合的工作思路，全力推进簕山新农村建设步伐。通过专项资金和相关资源的投入，集中人力、物力和财力对示范村进行重点推进，改变了以前“水电不便、出行困难”的破旧落后样貌，方便了群众生产生活，有效地改善了当地生产生活条件。尽管簕山古渔村的建设时间短、投资少，但成效显著。

其三，精英牵线搭桥，间接促进簕山古渔村旅游开发。据村民 LXS 讲述，簕山古渔村在进行旅游开发建设之前道路不通，出村赶集或办事等都是走在坑坑洼洼的泥泞路上。村内有一对老夫妻于 2001 年出资 20 万为村民修了一条进村通道。他们后来也同人讲过，簕山村是一个开发旅游的好地方，同时，村民们也曾向到村里视察的领导提议过。后经工作领导小组考察，确认其可行性后编制了《广西防城港市簕山古渔村旅游开发规划》。

总而言之，簕山古渔村旅游开发就是在新农村建设的背景下，依托于优美的自然风光、独特的民俗文化和极具特色的渔猎生产方式等资源发展起来的。这也是乡村旅游的一种类型，簕山古渔村是复合型的乡村旅游形式，旅游资源涵盖了各个部分，不仅包括渔业景观、民族风俗、建筑、聚落形态，还包括了山水景观和生态环境。

二、开发现状

（一）村民参与旅游发展的开发模式

簕山古渔村发展旅游业是由政府主导的，并负责簕山村的旅游开发规划和基础设施建设、旅游景观打造、发展环境优化等。港口区政府各部门通过财政投入专项资金，完善簕山村的基础设施建设和环境优化建设。政府主导除了体现在资金投入与完善建设上，还体现在管理机制上，即通过政府引导构建新农村建设管理机制。在旅游开发建设初期，主要由防城港市港口区新农村建设工作小组负责管理旅游开发的各项工作；到建设后期，政府的管理职能会逐渐淡化，群众成为自我管理的主体，因此需要根据具体情况构建合理有序的管理机制，如政府通过扶持成立具有公司和协会性质的“簕山新农村建设理事会”“簕山旅游开发公司”，积极引导村民自治，确保建设工作有序推进。[①]

簕山古渔村旅游开发除了坚持政府的领导，还需注重开发过程中村民的参与性。根据旅游开发社区参与的观点，当地居民参与并从中受益才能促进旅游业的可持续发展。[②]政府在旅游开发建设过程中，整合资源加大基础设施的建设，但这只是为簕山古渔村搭建了一个平台，要想得到可持续的发展则需要村民参

① 谢万忠、包函灵、潘锦民：《防城港市新农村建设与旅游开发研究》，《中国市场》2015年第47期。

② 同上。

与其中。只有通过财政扶持、政策优惠等方式引导发展休闲渔业，积极鼓励和扶持有条件的农户自主经营渔家乐、农家乐等项目，才能使其更积极主动参与到旅游开发当中。

（二）村民参与旅游发展的表现

村民除了通过转让土地为旅游开发建设作出贡献外，还应以各种途径积极参与到旅游开发建设过程中。通常情况下，在旅游发展初期由政府主导，主要做的是基础服务设施的建设，以及垃圾和排污的处理。而想要簕山旅游发展真正活起来，还得依靠人民群众的力量。簕山要建成一个集浅海养殖、休闲观光、餐饮住宿于一体的旅游村，则要求当地政府鼓励群众投身于簕山古渔村旅游建设之中，为簕山旅游产业发展注入新的动力。在簕山新农村建设中，防城港市港口区区委、区政府把增加农民和村集体收入作为出发点，创新经营管理模式，成立了“簕山新农村建设理事会”，形成了以村民为主体、理事会统一管理的经营管理模式。理事会平时会组织村民开会，动员群众支持旅游开发，鼓励建设客栈、农家乐和养殖，同时开展培训活动，助力提高村民的整体服务水平和素质。

与此同时，理事会代表村民对簕山古渔村的旅游服务进行统一的经营管理，通过公开拍卖经营场所的方式，鼓励村民开设农家饭店、茶庄、小商店及客栈。2009 年旅游开发初期，政府为了鼓励村民开办客栈保障游客住宿问题，对第一批开办客栈的 7 户人家给予相应的补贴。除此之外，政府还向第一批开设客栈的人家赠送牌匾，以此鼓励和表扬村民开设客栈。簕山得益于旅游开发，2012 年至 2015 年间，“簕山古渔村”的名号逐渐打响，旅游发展综合效益显著提升，吸引大规模游客的同时也促进了当地村民大规模开设客栈。随着游客越来越多，村民们陆续办起客栈。截至 2021 年 9 月，簕山村正在经营的客栈共有 36 家。除了开办客栈，开设农家饭店也是一种参与旅游发展的途径，村内开设农家饭店 7 家，此外还有粉店、早餐店等。还有一种参与途径是出海打鱼，在开海期，游客一个电话就可以联系渔民出海。由于旅游业开发，渔村的游客有出海的需求，新的捕鱼形式逐渐形成——渔民带游客出海捕鱼。此外，商店、小卖部、流动小吃摊等，也是村民参与旅游开发建设的形式。如今，旅游发展已经渗入村民生活的各个方面，村民也在积极利用旅游发展的资源优势，从各种途径参与到旅游发展中。

（三）村民参与旅游发展的感知

簕山古渔村旅游开发建设最大的受益者是村民，对于自主参与旅游发展、经营客栈或餐馆等，村民认为这些都是旅游开发带来的，不但刺激了村落的经济发展，还促进了村民的财富增收，大家对于旅游开发有感激之情。笔者在观察和访谈过程中了解到，也有部分村民认为旅游开发对村落的景观布局改变不大，只是在原有的基础上对道路进行改造，建了几个旅游观光点，其他的公共场所几乎没有什么变化；还有极小部分村民认为旅游开发前的簕山环境比较好，旅游开发后生活垃圾增多，没有及时清理时所呈现的脏乱差环境很影响观感，同时认为旅游开发后，部分村民趋于重利主义，淡泊了平和亲密的邻里之情。

第二节　乡村旅游开发对社会关系的影响表征

关系概念最初出现在对劳动力市场的分析中。1973 年，格兰诺维特发表了《弱关系的力量》一文，初步提出了关系的一些理论界定，但格氏并没有给出明确的定义。在格兰诺维特《弱关系的力量》一文中，关系指的是“人与人之间、组织与组织之间由于交流和接触而存在的一种纽带联系”[①]，其提出的强关系与弱关系理论普遍应用于西方对中国人际关系的研究，该理论的核心是从关系特征的交往互动长短、情感紧密性、熟悉程度和互惠交换四个不同维度来区分强关系与弱关系。然而该理论不太适用于中国社会，这是因为中国社会个体间的人际关系

① Granovetter M. S.，“The Strength of Weak Ties,” *American Journal of Sociology* 78，No. 6（1973）：1360—1380.

互动更重视信任的强弱。

在关于“人际关系”的研究中，费孝通先生的“差序格局”无疑是最具开拓性的研究之一，他用儒家伦理来解释中国人“关系”的差序性，揭示了中国传统社会人际关系的特点。该理论所展现的社会关系格局是以家族或血缘包裹的“己”为中心——“推己及人”，如同石头丢在水面上泛起的一圈圈涟漪，每个人都是其社会影响所推出去圈子的中心，被圈子的波纹所推及的即会发生联系。在旅游开发过程中，现代元素的进入与陌生人群的介入，使得市场经济观念在簕山古渔村迅速传播，经济利益也成为人际交往的目标因素之一。即便在旅游发展影响下，村民发生现代身份的构建，受经济利益驱动，交往逻辑逐渐偏向理性、利益，但以血缘与姻亲为核心的交往形式依旧占据主流，差序格局规律依然存在。

一、家庭关系变迁

基于血缘与姻缘的家庭关系随着经济发展、社会变迁，现代化观念的不断推进与深入，发生一定程度的变化，但家庭血缘观念在簕山古渔村依旧强烈。受经济利益驱动，越来越多的村民以家庭为单位兴办客栈、“农家乐”，参与到旅游开发中来。乡村旅游市场经济中对亲缘关系加以强调，基于信任的强度，村民更倾向于与亲缘成员交往，尤其是在寻求劳务合作和经济帮助时，家庭成员往往成为首选对象。例如，夫妻共同经营，父子协作配合。即便有时兄弟姐妹间互为竞争对手，但个体在旅游发展过程中资源共享优先考虑的仍是具有血缘关系的兄弟姐妹，遇到困难也会找兄弟姐妹一起协商。簕山古渔村旅游开发反倒促进了家庭关系和谐发展，家族网络得到稳固。

（一）家庭代内关系的互动嬗变

1. 夫妻关系

夫妻关系，是家庭关系中最基本的关系，原因在于家庭关系是建立在婚姻和血缘关系之上的。过去农村传统的夫妻关系是以男性占主导地位。而在簕山古渔村，女性十分能干，靠海而居的她们，不仅能够同男性一起出海捕鱼，连耙螺、挖沙虫、敲牡蛎等各种滩涂作业也不在话下。这里的女性有很强的外出劳作能力，家务劳动也做得很好，用村民的话说就是"我们簕山都是女强人"。因此，簕山的男性女性付出同等的劳动，甚至女性比男性付出更多，所以夫妻之间的关系是平等的，双方能够互相体谅，家庭氛围较为和谐。村民LXS向笔者介绍自己的婚姻状况一直很和谐，极少出现意见分歧的情况：

> 开客栈之前，我们夫妻俩一起打拼，很辛苦，双方都很体谅对方。旅游开发前，她照顾小孩，我出海、养殖螺（文蛤）、看螺场、养虾。2010年开客栈后就很忙了，便不再养虾了。不过，我们夫妻之间也有过争执，当时我想扩建客栈，多加点房间，我老婆不同意，因为当时村里旅游才刚刚起步，来住店的游客不多，也不知道后面能不能发展起来。后来，我跟她沟通，和她说用钱来盖房子就是不动产，未来的变数很多，十年后再想加盖就未必能行了。她听了我的解释也渐渐妥协了。后来的事实证明我当初的决定是对的，现在建一栋房子做客栈的花费是之前的两倍到四倍了！

此外，在簕山，不论是客栈、大排档及粉店的经营，还是养殖，都是由夫妻双方共同经营管理合作完成。若夫妻一方长期外出务工并有稳定工作，则由另一方在村里承担日常的劳作。据村民介绍，村里并没有哪家是有人长期外出打工的，在外面有工作的人也是每天下班后回家。因此，家中事务基本上是夫妻双方合作完成，遇事也是夫妻两人协商达成共识。笔者曾有幸跟随村民一起出海捕鱼，船家是一对夫妻。傍晚涨潮时，游客、调研组随船家一行人一起下海，起初是近岸潜水区乘坐竹筏划至渔船旁，一行人再转移到渔船上。夫妻俩，丈夫在后面驾驶渔船，妻子在船上清洗装鱼用的大盆、打水，为了即将到来的收网作准备。收网时，夫妻两人默契配合，一人拉网，一人卸下网到的鱼，整套下来动作流畅迅速，这也是他们长期合作后积累的默契。

2. 兄弟姐妹关系

兄弟姐妹是一种关系称谓，指哥哥弟弟姐姐妹妹。兄弟姐妹可以分为有血缘性兄弟姐妹和无血缘性兄弟姐妹。在这里，笔者要探讨的是有血缘性兄弟姐妹间的互动关系。在相对封闭的传统农村社会中，兄弟姐妹在同样的生长环境中成长，经历着同样的家庭教育，这使得他们有相似的思想价值观念，彼此了解且相互信任。

在簕山古渔村，兄弟姐妹相互扶持、联系紧密，即便各自成家后，他们之间的关系依然密切。遇到难题时，一起商量解决，有问题不懂的也可以相互咨询了解情况，拿不定主意的时候也会一起分析。总之，无论大事小事，自家的兄弟姐妹都会互相关心、给予互助。所有的受访对象纷纷表示，自家兄弟姐妹之间关系要好，彼此是可以依靠的亲人。受访人 LXS 目前在村里的卫生院工作，同时经营客栈和螺场，他从 2010 年开始经营客栈。作为家里的大哥，他非常关心和照顾家里的几个兄弟姐妹，从访谈对话中 LXS 谈论介绍的有关家庭内部关系的内容，可以明显感觉出其兄弟姐妹之间的深厚情感：

> 我有两个弟弟和两个妹妹，现在两个弟弟都在村里开客栈，两个妹妹出嫁后都住在镇上。平时有活动我们几家兄弟会一起，过年、过节大家也会聚在一起，两个妹妹也会回来。我们关系都很好，有什么事都会商量，他们有什么也会告诉我。再者我是老大，他们有什么事也都会问我一下。

随着簕山古渔村旅游发展的兴盛，LXS 的两个弟弟也建起了客栈，三兄弟成为了同行竞争者，有着更为明显的利益关系。但弟兄间的关系并不会因此而变化，同样经营客栈的他们有时候还能一起合作。比如每到节假日旅游旺季的时候，簕山古渔村会出现地理位置较好、评价较高或者熟客回头客较多的客栈供不应求的现象，此时，多数客栈首先会考虑将生意介绍给自己的兄弟姐妹，其次是同族亲戚，最后才是村里的好朋友或邻居。对于此类现象，村民 LXS 表示："大家都是这样的。"

（二）家庭代际关系的互动嬗变

家庭内部互动关系中的重要纽带是家庭代际关系，尤其亲子之间的代际互动，是实现家庭和睦、促进社会秩序稳定的重要力量。因为家庭是社会的细胞，和谐的家庭关系是推动社会稳定的基础，所以了解家庭内部的亲子代际互动关系，对整体把握乡村社会有重要意义。

簕山古渔村从传统古渔村转型发展成以休闲渔业为主导的旅游村，在此过程中，父代与子代之间的家庭代际互动关系也随即发生了变化，相应地也出现了新的社会现象。以下将从生计与商业的视角来阐述父子之间代际互动关系的变化。

簕山古渔村是个滨海村庄，村民世代以近海捕鱼为生，直至 20 世纪 90 年代才开始进行围网养殖。2009 年起，簕山古渔村开始发展滨海旅游业，村民也一起参与进来，陆续兴办客栈、大排档等基础性设施，为簕山古渔村发展滨海旅游提供了基础条件。旅游开发前，簕山古渔村以近海捕鱼和养殖为主，当时的村庄相对比较封闭，村民的生活水平并不算高，村内年轻一辈基本上也是紧随父辈一起从事海上作业。此时的父代是有经验的一方，子代需要从他们那里学习经验知识。

旅游开发后，依托旅游业的发展，村民又增添了许多新的生计方式。簕山古渔村父代与子代在生计与商业方面的情况可分为以下两类。

一类是父代作为客栈、大排档、商店等商业设施的主办人，子代在外学习和工作或子代在家协助经营管理。比如，一家由一对退休夫妻合作经营的客栈，儿子在外工作并且已成家。即便不在父母身边，也能通过网络协助父母经营客栈。例如将客栈信息发布在网络平台上，有客人下单预订房间后，儿子会告诉父母有多少人订房、订哪种类型的房子；或有客人订房后有变动时，提醒父母进行安排。此外，儿子和儿媳还会负责购买客栈经营所需要的各类消耗品，如床单、被罩、洗漱套装等。综上，子代一直在参与并协助客栈的经营和管理。另一家客栈由夫妻两人共同经营，丈夫 LXH 是客栈的主要管理者，从盖房、设计客栈布局、装修设计、房间设备采购到带领游客去耙螺，每一环节都有参与。妻子平时负责收拾房间、打扫卫生，为客人提供服务和帮助。夫妻俩有两个儿子、一个女儿，均已成家。女儿远嫁，一年回来一两次。所以，与父母共住一村的大儿子经常帮忙经营客栈，儿媳平时除了带孩子，还会同公公婆婆一起整理打扫客栈，儿媳会得到工资，相当于其在客栈打工。

另一类是子代主要经营客栈、大排档、商店等商业设施，父代在子代开办的商业设施帮忙，以减轻子代的负担。例如，LXA 在其所经营的客栈一楼开了个商店，出售各类食品、日用品等，同时还有桶装水订送业务。平时 LXA 去送水时，他的父母就会帮忙看店。这类社会现象的出现也是旅游开发带来的变化。

二、家族关系变迁

家族又称宗族，是一种以父系血缘为纽带的社会人群共同体。在差序格局关系结构下，整个村落社会秩序安排都是依据血缘与地缘进行的，而血缘和地缘的投影就是家族。[①] 家族作为社会权利和资源整合的主要组织结构，也发挥着重要的功能，即构造了人与人之间的主要关系网络，并提供着情感支持、经济支持和社会支持。此外，由于不稳定性与不确定性的市场环境挑战，“抱团”往往成为家族防范外界风险的手段之一，也加强了家族成员间的信任与团结。虽然偶尔出现矛盾，但总体而言是和谐友好的。

（一）家庭结构与家族的关联

李、夏两姓是簕山古渔村人的两大姓氏，其中李姓人口众多，占簕山古渔

① 袁小平、吕益贤：《关系网络与中国乡村社会关系变迁》，《安徽农业科学》2008 年第 3 期。

村总人口的90%左右。据悉，明朝时期李氏始祖李常熙首先到达簕山，并在此地居住建村，开枝散叶，慢慢发展出三大分支，分别是一房、二房和三房。后来，夏家人来到簕山，安居于此，繁衍后代并分散在村落的两边。李、夏两大姓氏的族人和睦相处、团结友爱。簕山古渔村的分布特点是宗亲同村，大家族聚居生活。

李氏三房人聚居在李氏祠堂的三面，大房住西边、二房住中间、三房住东边，这里说的大房、二房、三房其实是从李氏大家族中分出来的小家族，而各房下又分出很多个小家庭。经过世代更迭，人口数量越来越多，居住的空间缩小，人们活动的空间也受到限制，各房之下的小家庭并不再聚居同一处，家庭人员渐渐搬离老房子，继而散乱分布在村庄各地。目前，从村落的整体布局来看，大房人、二房人、三房人散乱分布在村落各处，已经不能按照区域划分出各房的居住范围。

家庭作为最基本的社会单位，是血缘性的团体。同时，家庭还是家族的成员之一，家族由多个家庭组成，也是一个以血缘关系维系起来的群体。由家庭到房再到大家族，各房各家庭之间相互合作、交往，形成一个以血缘关系维系的巨大社会关系网络。簕山古渔村是由李、夏两大家族共同聚居，组成一个地缘性的合作团体。其次，家族在乡村政治、经济、文化等方面，都为农村社会的发展作出重大贡献，家族的社会关系变化将直接影响村落的未来发展，这一点不容忽视。

（二）家庭与家族的互动

家族与家庭之间的互动构建了特定的社会关系网络，这种特定的网络又因彼此的互动得到加强或改变。此部分将通过节日活动、大事件下的互帮互助这两个方面来阐释家族与家庭的互动。

我国的传统节日形式多样、内容丰富，于历史文化长河中积淀凝聚而成，是中华民族悠久历史文化的重要组成部分，其清晰地记录着中华民族先民丰富而多彩的社会文化生活内容，蕴含着深邃丰厚的文化内涵。传统节日及其民俗活动能够流传至今，少不了大众的重视和传承。在农村更是如此，每逢节日，恰逢祭祖，更是少不了族人共同出力。

据悉，簕山古渔村很少有人外出，更多的是兄弟一起住在村里，因为距离相近而且联系紧密，家族聚餐很是频繁。逢年过节家族成员会聚在一起，有远方好友前来探望也会在一起聚餐。平时大家有空的时候也会时常聚在一起，分享谁家里买了好吃的或好玩的东西。除了因为远嫁或者在外工作路途遥远平时很少有机会回村的家庭成员外，其他人都会在节假日的时候回来相聚。除了吃饭聚餐外，家族内部成员的关系都很好，有时间也会经常串门走动。

笔者的一名访谈对象X姐，她家在新建客栈的时候，除了请建筑装修师傅，家族的兄弟姐妹们有时候也会过来帮忙。此外，因为他们家族的成员多是以出海捕鱼为主，平时带游客出海的时候也会帮忙宣传，向游客们推荐自家亲戚的客栈。整体来说，家族内部成员之间的关系还是非常和谐的，X姐向笔者描述家族内部的互动时说道：

> 我们家族里面大家有时间都会互相帮忙的，人手不够的时候才会请外面的人。我家建房子的时候，房子前面这块空地要用水泥铺平，我就没有请别人，都是自己家族里的人帮忙，我爸爸和公公还有我这几位大哥和小叔们一起做。新开店的时候，线下就是靠大家帮忙宣传，我们家族有好几个出海的，也是他们主要帮忙宣传。客栈有工作的话，我老公首先想到的也是家族里的几个兄弟，优先安排他们工作。

家族中有大事件时，同样会组织族内成员一起商讨并协助完成任务、解决问题。此外，族内成员家中有事需要大家一起帮忙，大家也都十分乐意，毕竟大家都有血缘关系。一般而言，家族成员都会重视这种亲情联系，家族下分有好几个小家庭，家族成员们除了管理自己的事务，平时其他人有什么事情都会互相帮忙。即便是家族内部成员出现矛盾和问题，到了真正有要事需要帮忙，大家也不会因为这些原因而推辞。

三、村民关系变迁

簕山古渔村是“李”“夏”两大家族聚居的村落，因此，古渔村中居住的大多数是有父系血缘的人们。此外，乡村旅游开发前，簕山古渔村交通不便，村落较为封闭，村民间的交往范围有限，大家彼此熟悉。基于血缘与地缘的核心地位，他们之间的守望互助构成了一个熟人社会。村民间的交往以“人情”为基础，生产互助、资源互助等交往行为普遍。簕山古渔村进行旅游开发后，最显著的变化即经济得到发展，旅游开发的同时必不可少地带来了村庄政治、经济、文化结构的变化，当个体拥有的资源与身份不断发生变化时，社会网络关系也会随之发生变化，可以总结为“局部加强，整体弱化”。处于同一圈子内的村民因共同的需求或兴趣爱好等频繁交往从而关系紧密。与此同时，在市场经济观念与经济理性惯习的影响下，同为竞争者的部分村民之间的关系也在发生着潜移默化的变化，诸如关系淡漠、功利化加重等现象。

（一）亲密——村民间的互助关系

群体居住、聚村而生，是中国传统农村的基本生活方式。中国的传统农村多为自给自足的自然经济，且较为封闭，基本与外界相隔绝。同时，以血缘关系和地缘关系为主的村民集聚在一起，形成独特的聚合共同体。人们世世代代居住于此，处于共同的历史文化积淀下，有着相同的民俗习惯，相似的生产生活方式，使得村民对自身的文化具有普遍认同。同样地，改革开放前的簕山古渔村也是这样一种内聚的形态，村落为各宗亲群体聚合而成，分别聚居着“李氏宗族”和“夏氏宗族”，村民靠海而生，他们共用一套文化系统。因处于封闭的环境，村民的交往圈很小，基本上只与村内以及周边村落有所联系，村民之间是亲戚也是朋友。在传统的乡土社会中，人情交往作为村庄内部人与人之间情感联系与情感表达的方式，维系了熟人社会关系稳定与社会关系的延续。

在当下，旅游开发会促使村民处于竞争的关系，但簕山古渔村仍然保留着“乡土本色”，在日常生活交往中仍旧维系着原有的“人情圈”基础，为村民之间的关系提供了润滑剂。据笔者观察，在日常生活中，簕山村民除了与村内自家兄弟姐妹往来，也会和其他村民有所来往，他们往往有着共同的爱好，或是从小要好的玩伴。例如，商店老板 LXA 与饭店老板 XRZ 是发小，小时候经常一起下海捕鱼，关系十分要好，因彼此熟悉和信任，在对方需要帮助的时候也曾借过钱财给对方。即便互为竞争对手，村民间也展现出互助的行为。对客栈而言，如出现订房人数过多而房间不够的情况时，老板会推荐住客到其他客栈住宿；对餐馆而言，如就餐人数过多而无暇招待，老板也会推荐客人到其他饭店。此类互助行为发生在相邻地域内产生的邻里和非亲戚的村民之间，这里的村民关系是与亲缘互助区别开的非血缘关系群体之间的关系，属于弱关系。弱关系维系下的地缘互助是对亲缘互助的补充，其功能也与亲缘互助类似，只是特定场合表现的亲疏距离及其重要程度不一样。

（二）疏离——村民间的竞争关系

旅游业的发展给原本闭塞的小渔村带来了翻天覆地的变化，不仅村民的社会、经济、文化生活受到影响，村民间的人际关系也随之发生变化。我们熟知的传统乡村社会，村民可活动的范围小，社交圈子也小，村民间的关系往往较为亲密。然而，随着旅游业的发展，簕山古渔村的社会结构和人际关系网络均发生了改变。农村人口的流动模糊了城乡之间的界限，使得原有人际关系出现了一定程度的断裂和变形，甚至出现了人际交往趋于功利化、工具化和淡漠化等特点。[①]

随着乡村滨海旅游业的发展，来到簕山古渔村的游客对高质量旅游服务的需求日益增长。由于该村在早期的开发整体规划统筹欠缺，村民自主开发能力不足，导致旅游产品重复化、服务同质化，资源单调薄弱、结构单一。在市场竞争

① 郝国强：《优序求助：互联网时代的乡村互助关系重构》，《思想战线》2020 年第 2 期。

的影响下，村民之间的关系从传统的乡里乡亲变成从业者的竞争关系。簕山古渔村坐落于海边的农家饭店往往因其区位优势，顾客数量较多，靠海的民宿和饭店为了提高与村落内部同质服务的竞争优势，也会想方设法提供相较于村落内部等价或是更优质的服务，同时在成本可控的情况下尽量降低价格。这种完全以提高客源为导向的村内旅游竞争机制，致使原本良性的发展局面受到威胁。同时，村中以李姓、夏姓双向构建的血缘、地缘与业缘立体交织关系中，因业缘逐步在滨海旅游开发后占主导地位，致使血缘、地缘关系的弱化，即业缘影响到同业合作及竞争的公平原则时，则呈现出对血缘、地缘认同的负面效应，进而影响村民对村落共同体的认同，由此产生了村民作为竞争者之间的疏离感。

> 村内客栈之间、饭店之间暗藏的微妙关系，即便不道破也能观察得出来。表现最为突出的是靠在海边的农家饭店与村落最深处的农家饭店，二者在地理位置上差别很大，这也直接导致客流量大规模流入沿海的饭店，因为不了解情况的游客也不知道村落内部还有饭店，也很少有游客往里走。然而沿海的饭店却和村落内部的饭店租金相差无几，这必然会引发村民抱怨。
>
> ——摘自罗润秋 2021 年 8 月 1 日田野调查日志

旅游地之间加强联系、进行竞争性合作，是旅游业发展到一定阶段的必然结果。然而旅游空间的竞争与合作，应是旅游地在竞争前提下的合作，因此实行各村民的良性合作，应当建立在发现和承认当前簕山古渔村业缘发展与血缘、地缘认同对立的矛盾。从具体措施来看，一是要坚持全局发展战略，提高簕山古渔村的整体发展质量，在继承和转化血缘、地缘认同中的情感要素的基础上，以业缘认同提高本村的整体竞争水平；二是通过建立共通的互联网社群，克服旅游地产品“克隆”的问题，提高资源、信息共享的成本优势，将旅游产品局部的对立转换为互补旅游产品的共存，寻求矛盾各方的共存和共赢。

第三节 “熟人”与“陌生人”的交融共生

乡村旅游开发后，乡村民宿、农家乐等旅游相关产业发展迅速，使簕山古渔村原有的产业结构发生变化，乡村社会关系逐步向理性化、多元化、异质化、“去熟人化”方向转变。费孝通最早从社会学视角研究“陌生人”。在他看来，乡土社会是“熟人社会”，而现代社会则是陌生人组成的社会。在乡村旅游发展进程中，现代性侵入“熟人社会”，作为“陌生人”的游客介入，不仅扩大了簕山人的社交范围，也促使村民在经济利益的逻辑下通过增进交往使“新客”转化为“熟客”，甚至还能通过游客推荐达到增加客源的目的，以扩大自身的社会资本。由此，村民与游客形成新的交往关系，然而，陌生人和当地村民建立的是一种基于利益的策略型功能性关系，而非基于情感的联结而形成的传统亲缘关系，这种“朋友式”的弱关系构建不具有稳定性。以下，笔者将展示簕山村民与游客的日常交往互动方式，此时的乡村社会是熟人与陌生人交融共生的情境。

一、线下空间中村民与游客间的互动

（一）客栈——村民与游客同吃住

截至2019年，簕山古渔村共有36家客栈在经营，全村几乎一半的人都在开客栈。簕山村的客栈主要沿村庄的道路分布或者沿海分布，其中古渔村东南沿海方向分布的客栈多达19家，其他的客栈零散分布在村庄中心位置。簕山古渔村的客栈绝大部分都是房东与住店的客人在同一空间下活动，厨房也是公用的。客人到店入住，房东会指导客人停车，对待客人的态度如朋友一般，不冷漠亦不刻意亲近。进出碰面时会打招呼，有时也会坐在客厅喝茶聊天，近日趣事、簕山历史、人生经历，无所不谈。若是有老客要来，老板还会提前准备好下酒菜等着他们。

在厨房使用方面，几乎配备有厨房的客栈，其厨房都是房东与客人共享的，

烹饪所用的锅、碗筷、调味品，以及餐桌等都是共用的。客人们通常会到企沙镇的海鲜市场购买食材，尔后在客栈配备的厨房烹饪。客人若是遇到不会操作需要帮助的情况，客栈老板也很乐意帮忙。例如，有客人买了生蚝但是不会开，客栈老板十分麻利地帮助其把生蚝的外壳单刷一遍，再用小刀把生蚝壳撬开，最后用水快速冲洗完成。

除了朋友般的相处模式，客栈老板与游客还有一层利益关系，因为这层利益关系，通常情况下都是客栈老板尽可能去满足客人的需求。同样，也有客人体谅店主的时候，比如停水或停电的时候，因为客人也清楚这不是客栈老板造成的。偶尔也会遇到一些不太自觉的客人，比如使用客栈厨房应交费，但有的客人不太愿意，这种时候客栈老板也不会强求客人。

村民与游客间的互动除了良性互动，有时也会产生矛盾和冲突。比如，有的顾客觉得服务体验不好是店主的问题，但店主并不觉得过错在自己一方，这时矛盾便会产生，发生争吵也是在所难免。

（二）特色旅游项目——出海捕鱼与耙螺

自簕山古渔村进行旅游开发后，便吸引众多游客前来游玩，而吸引他们重要的因素之一就是具有浓厚渔民生活气息的旅游体验活动，包括出海捕鱼、耙螺、挖沙虫、敲牡蛎等。对于簕山古渔村的村民来说，这些活动是他们最为熟悉的劳作方式。近年来，在短视频移动应用上的“赶海”“抓海鲜”“捕鱼”等话题有着较高的浏览量。这类话题的热门，能够转化为现实的经济效益，可以直接拉动沿海地区的旅游消费，对于主打“古渔猎”的簕山古渔村而言，可以说起到了十分积极的经济作用。事实证明，确实有许多游客是冲着可以耙螺、赶海、出海捕鱼等旅游项目来到簕山旅游的。

耙螺、敲牡蛎、挖沙虫等赶海活动，都需要等退潮后才能进行。每当大海退潮后，会显露出一片金灿灿的滩涂，村民用木桩围起的螺场界线分明。这片海域的滩涂中，除了有村民养殖的“海螺”（文蛤），还有各种贝类、蟹类、小虾小鱼等搁浅在海滩上，这时人们可以到海岸的滩涂和礁石上打捞或采集海产品。

游客若想体验这些项目，可以在订房的时候提前告知。房东会推荐客人去自家的螺场耙螺，这是因为滩涂基本都被圈围起来了，靠岸的公共区域没有养殖螺，能抓到的海产品也很少。而村民自家的螺场，很容易就能挖到螺，游玩的体验感更强，使客人产生更高的兴致。此外，也是为了防止游客误入他人的螺场，降低产生矛盾的几率。

村内经营的各大客栈基本都附加有这一体验项目，即给客人提供耙螺的场地，让客人到自家螺场体验耙螺的乐趣。热心尽责的客栈老板还会亲自带领游客下螺场，给客人提供耙螺需要用到的铁耙子、提篮和水桶，并指导他们耙螺。同时耙到的螺不再收取额外的费用，客人们可直接将耙到的螺拿回客栈的厨房加工。提供这些免费的体验项目，也是为了让游客在入住期间觉得满意，这也是客栈老板们积累“回头客”的方法之一。

不仅客栈是这样，村内的大排档也提供有这一项目，在店里消费的客人同样可以免费体验耙螺活动。老板提供耙螺工具，并带领游客到自家螺场耙螺。

游客想体验出海捕鱼项目也很方便，簕山古渔村在海岸的防浪梯墙面张贴有很多出海捕鱼的海报。游客可以直接联系船家，并协商出海时间和价格。此外，游客想出海捕鱼，也可以通过所住客栈的老板帮忙联系船家。经营出海捕鱼的村民家里都有船，原先只是出海捕鱼回来后在码头交易，将收获的海产品卖出，现在游客不断地进入，这种传统的出海捕鱼模式也在发生转变，逐渐倾向于为游客服务。

（三）节日共度——与游客一起过春节

春节，即中国农历新年，俗称“新春、新岁”等，口头上又称“过年、过大年”，是民众娱乐狂欢的节日。在春节期间，全国各地均举行各种庆贺新春活动，这些活动以辞旧迎新、驱邪禳灾、拜神祭祖、纳福祈年为主要内容，形式丰富多彩，凝聚着中华传统文化精华。特别是大年三十，元日子时交年时刻，阖家聚餐吃年夜饭、守岁、鞭炮齐响、烟花满天，辞旧岁、迎新年等，各种庆贺新春活动达于高潮。大年三十后，还要向同族亲友拜年，走亲访友互致祝贺。以上传统的庆贺新春活动，在簕山古渔村却有些许不同。自旅游开发后，簕山古渔村的名号渐渐打响，春节期间也吸引了众多游客前来。这时，客栈都会开门迎客，尽数容纳这一波游客。作为一个旅游村，春节期间有着许多外来游客来到这里，当地村民过年并不只是同自家人一起，还同游客一起庆贺新春。这对于其他传统家庭或乡村来说，确实比较特殊。

实际上，春节期间客人到来，村民都很乐意，不论是开客栈、开餐馆还是不做生意的，大家都非常欢迎客人前来游玩。春节期间到簕山过年的游客一般都是以家庭为单位，他们偏向于选择带有共享厨房的客栈，来到簕山过年也能自己做饭，感受其乐融融的氛围。对于村民来说，客人的到来虽然会让他们忙碌一些，但团圆饭还是会照常吃，该有的活动都会有。

二、线上空间中村民与游客间的互动

（一）村民与“生客”的互动

簕山古渔村旅游业的发展，吸引了越来越多的游客，村民不可避免地要与游客打交道，一种线上主动与陌生人打交道的新型社会关系开始盛行。由于游客资源有限，而且服务项目同质化严重，客栈老板们不仅要通过线上平台吸引新客户并主动与游客建立关系，还要努力借助“微信”等社交平台培养“熟客”，以此维持和发展自己的生意。这就要求客栈需要作出更多的努力，了解客户的真正需求，并加强改进。

在笔者看来，可以将影响新客入住率的因素归为以下几种。

其一，客人最关注的也是最重要的入住因素即客栈的基础设施和环境情况，即住宿环境、房间和床的大小、房间的陈设布局等。游客出门旅游住宿，首选的是房间舒适干净。即便是乡村民宿，房间的硬件设施和房间环境依然是游客首要关注的基本要素。因此，客栈老板会经常在社交平台上分享客栈设施。

其二，备受客人关注的另一个因素是客栈老板的服务态度，将直接影响客人的住宿体验。不少老板很热心，会陪同客人去镇上的海鲜市场采购海鲜，会帮助客人加工处理好海鲜，还会免费帮客人煮食；有时老板还会帮客人规划游玩行程。这些服务为游客们提供了旅行的便捷，提升了客人的旅游质量。除了线下的热情服务，线上的问候、交流也是必需的，老板的热情服务也是游客重点关注的。

其三，是游玩体验项目。游客来到簕山除了欣赏大自然的风光，享受宁静古朴的氛围，同样也希望参与一些有趣的活动，入住前，会通过“微信”请客栈老板帮忙安排好。簕山古渔村靠海，有丰富的海洋资源，因此有独具特色的赶海、捕鱼、耙螺等滨海体验项目。几乎每一家客栈都会提供耙螺服务，退潮后客栈老板会带领游客来到自家的螺场，让客人们体验耙螺的乐趣，还会把客人耙到的螺送给他们，由他们带回客栈厨房煮食。除了耙螺，有时候客人想出海捕鱼，客栈老板也会帮忙联系。较为普遍的还有烧烤，客栈会提供整套的烧烤用具以及煤炭；有的客栈还备有卡拉 OK、麻将机等。

综上，游客对民宿的要求既有基本的服务，也有特色体验项目。客栈想要吸引新客户，就应从客栈的基础设施和环境、客栈的服务态度和服务方式、客栈附加的特色体验项目这些方面着手，充分了解游客需求，提高游客旅游居住满意度，提高簕山古渔村的旅游竞争力。

（二）村民与“熟客”的互动

在簕山古渔村，几乎所有经营客栈和餐馆的农户都有各自的“熟客”，甚至很多新客户也是通过“熟客”发展来的。有的客栈老板平易近人，也很热情，与住店的顾客之间保持联系，关系密切，相处得十分融洽，是老板也是朋友。游客的居住体验良好，与房东建立了友好关系，下一次再来旅游时往往会继续选择入住该店，长此以往便成为“熟客”，他们还会推荐自己的亲戚朋友过来游玩时在此住宿。笔者曾访谈过好几位住店的游客，他们都不是第一次来簕山了，每次都会选择住在同一家民宿，主要是因为觉得和老板很投缘，民宿环境也不错。

客栈老板们会同游客建立联系，一般双方聊得来的情况下，彼此间也会经常打个电话互相问候，关系要好的也能够像朋友一样互相帮助。事实上，客栈老板与游客既有直接的利益关系，也可以发展成朋友关系。当然，这离不开客栈老板的个人魅力，能为游客在这里娱乐放松之时提供良好的住宿条件，在线上依旧保持沟通交流，维护关系之余也让他们感受到了热情和温暖。

第四节　旅游开发中村庄与政府的互动

在乡村旅游开发中，政府与当地村民作为利益相关者，两者间的协作与参与十分关键。政府作为旅游开发的倡导者和开拓者，理应做到合理的规划和策略执行，政府在制定旅游规划和土地管理征用时必须重视村民的参与，避免与村民之间的矛盾和冲突。政府和当地村民永远都不应该处于对立面，为此，只有政府做好决策，并完善建设，同时村民积极参与，两者交相结合才可发挥出优势，方可促进乡村旅游和谐有序地发展。

一、多部门协作推进旅游开发建设

2009 年，政府组织成立的港口区新农村建设工作领导小组进入簕山古渔村开展调研，并驻村大半年时间。领导小组主要负责指导编制簕山古渔村旅游开发规划，并着力打造以浅海养殖、乡村休闲旅游为主导产业的旅游村，为簕山的旅游发展作出了重大贡献。同年还成立了簕山新农村建设理事会，以协助政府开展旅游开发工作。2012 年，成立了簕山旅游开发有限公司，负责管理村集体经济的收费项目，比如村口停车收费以及客栈和农家乐的租金。同时，围绕簕山古渔村的历史文化及资源特色，簕山村民理事会定期举办簕山古渔村“与浪共舞观潮节”，并结合渔业季节开展围网捕鱼、挖沙虫、耙螺、捞海虾、捡海鸭蛋、海钓、游泳、烧烤、祭海、观潮、岛礁探险、沙滩休闲游乐、海产品科普观光、红树林科普游览等丰富的旅游体验活动。

2012年，根据广西壮族自治区住房和城乡建设厅《关于下达2012年全区村镇规划集中行动规划编制任务的通知》的文件精神，防城港市港口区开展执行簕山古渔村旅游开发规划编制的任务，又因自治区将村镇规划集中行动列为2012年加快推进自治区城镇化跨越发展的重要工作内容，并纳入绩效考核内容。簕山古渔村旅游开发规划的编制任务早早便开始进行，由防城港市港口区新农村建设领导小组负责，“簕山村旅游开发规划”于2012年11月修编完成，2013年获批按规划组织实施。之后，港口区委、区政府着力突出簕山古村、古树、古渔猎“三古”的特色，累计投入4000余万元开展基础设施、服务设施建设，发展乡村旅游。先后完成了进村道路、游览步道、公厕、“邀月台”、云海亭等基础设施和景观点建设，扶持农户开设了一批民宿、农家饭店，加工销售特色农产品。簕山古渔村先后荣获“全国休闲农业和乡村旅游示范点”“全国休闲渔业基地”“广西特色旅游名村”等称号，入选“广西第一批传统古村落”名单，上榜“第三批全国特色景观旅游名镇名村示范”名单。

2016年，《企沙镇簕山古渔村休闲渔业示范区创建实施方案》获批，区委、区政府决定以簕山古渔村为中心开展企沙簕山古渔村休闲示范区建设，以党的十八届三中全会精神为指导，深入贯彻落实科学发展观，紧紧围绕促进渔业增收、农（渔）民增收、农村发展为目标，集中力量建设规划现代特色休闲渔业示范区。通过创建港口区企沙簕山古渔村休闲渔业示范区，进一步完善簕山古渔村的硬件设施，提高管理水平、服务质量，建立健全规章制度，优化软件环境，增强市场吸引力和核心竞争力，整体提升簕山古渔村品牌形象、服务质量和旅游环境，促进簕山古渔村旅游发展上台阶、上水平。

簕山古渔村的发展不单是依靠新农村建设工作领导小组，同时也是协调各部门人员共同合作打造而成的。从前期的调研、规划、审批、拨款、建设到验收，整套程序都离不开相关部门的支持与配合，缺一不可，各部门在簕山旅游开发建设过程中扮演重要的角色并履行相关职责。防城港市港口区旅游局负责前期调研编制项目规划，联系设计院或公司进行规划编制，后期需要完善景区的旅游指示牌等；防城港市港口区财政局负责对规划项目的预算审计，并严格按照通知确定的项目，加强对项目资金的管理，按项目管理有关规定及时拨付资金；防城港市港口区住房和城乡建设局（住建局）需贯彻执行国家住房和城乡建设的法律、法规和方针、政策，研究修订城乡建设规划，请示项目工程的实施，指导工程建设，并承担建筑工程质量安全监管的责任；防城港市港口区交通运输局主管项目工程的实施建设，例如在原有四级公路基础上提升改建茅企一级公路至簕山旅游景区道路，牛路桥头至榄埠江桥头道路建设，旅游景区配套设施建设，包括生态停车场、公共厕所、垃圾箱、照明、绿化、雨污水处理以及垃圾处理等；海洋局主管赤潮、海浪、风暴灾害预警和监测，据通知文件显示，海洋局有负责簕山古渔村海岸综合治理与生态景观修复，此外还主管海域使用的前期审核工作，最后的审批要给到企业审批局批复；防城港市港口区林业局负责簕山古渔村的绿化工程，即对村内道路进行绿化建设。

表 2–1　企沙镇簕山古渔村旅游开发建设单位及职能介绍

建设单位	职能
港口区旅游局	前期调研编制项目规划，联系设计院或公司进行规划编制，后期需要完善景区的旅游指示牌等。
港口区财政局	对规划项目的预算审计、并严格按照通知确定的项目，加强对项目资金的管理，按项目管理有关规定及时拨付资金。
港口区住房和城乡建设局（住建局）	贯彻执行国家住房和城乡建设的法律、法规和方针、政策，研究修订城乡建设规划，请示项目工程的实施，指导工程建设，并承担建筑工程质量安全监管的责任。
港口区交通运输局	主管项目工程的实施建设。
海洋局	主管赤潮、海浪、风暴灾害预警和监测，负责簕山古渔村海岸综合治理与生态景观修复。此外还主管海域使用的前期审核工作。
港口区林业局	负责簕山古渔村的绿化工程，即对村内道路进行绿化建设。

由此可见，政府在簕山古渔村旅游产业发展中扮演重要角色，其既是该村旅游产业的倡导者、开拓者，也是簕山古渔村旅游开发建设时期的监督者、规范者。其次，政府在旅游发展中承担诸多责任。在簕山古渔村旅游开发中，政府各部门作为项目开发主体，在集中财力、人力、物力、对外沟通和对内建设等方面

发挥着主导作用。最后，政府把握了簕山古渔村旅游发展的方向，在村落旅游开发中制定旅游发展规划、指导各部门管理规划，有力推进了旅游开发各项工作。

二、旅游开发中村民与政府的矛盾

簕山旅游开发除了需要政府领导规划建设及与多部门联合协作外，还需要动员鼓励群众参与到旅游开发建设中。簕山古渔村是防城港市港口区企沙镇牛路村的一个自然村，其开发建设不仅涉及防城港市港口区的各部门单位，还有企沙镇政府以及牛路村村委、簕山古渔村理事会，它们合力推动着簕山村建设，并带动地区经济发展，为村民谋福利。当地财政局、交通局、水利局等政府部门按照规划实施统筹，然后直接联系公司或团队进村建设基础服务设施和旅游景观等。平时各部门在实施项目建设时，如果遇上征地等难题会请村委或理事会协助，请他们给村民做思想工作，鼓励群众“舍小家、为大家”，为长远的村落发展打好基础。“要致富、先修路”，簕山古渔村也不例外，修大道、路面硬化、改造和拓宽路面等道路建设是根本，只有把路建好了，交通便利才是发展旅游的先决条件。而道路改造扩建、游览步道修建、停车场建设等大面积的工程势必会占用村民的土地，不是所有村民都乐意将自己的土地让出来，这时候就需要村委或理事会下到村民家中动员他们，分析旅游开发的利与弊，消除群众心中的忧虑，要让群众看得到希望，并鼓励他们加入旅游开发的建设队伍中来。

时任牛路村村委主任 GRL，在谈到如何鼓励劝说村民时，向我们介绍基础设施都是政府投资建设的，比如防浪海堤、簕山大桥、办公大楼、云海亭、“邀月台”、水利楼、装修民房等。旅游开发若要得到村民的支持，首先要让群众看到切实的好处。政府建造了防浪海堤，防止海浪冲到家门口，保障了村民的日常生活，这一做法首先得到了村民的认可。然而按照建设规划需要占用群众的土地，要想得到群众的支持，仍是个大难题。即使政策规划的目的是好的，村民将会是最大的受益者，但真正触及自身的利益时，就很难执行了。

簕山古渔村旅游开发规划是 2012 年修编完成的，当时规划建设的项目很多，大部分已经完成，但也有好几个项目因为受到村民的阻挠而取消。由于簕山地少人多，土地承包到户后，每人能分到的土地很少，田地几乎用来建造房子或用于生产，没有多余的田地供旅游开发建设。其次，政府征用土地后所给的补偿金也很少，村民每天单靠耙螺、挖沙虫、出海捕捞就可以赚到钱，因此也不太在乎这些补偿金。为了避免征用土地的麻烦，除去基础道路和停车场等基础设施的修建，其他旅游景观基本转移到海上建造，比如云海亭、“邀月台”和海上月光长廊等，这样既符合旅游观光的要求，也契合簕山古渔村的民俗特色，同时还能避免引发更多的矛盾。然而，即便是这样也面临着一定的阻挠。2006 年林业改革时村民分到的林地后来被海水淹没了，刚好政府需要在此地建设实施项目，有村民就提出要用这些地需要给村民补偿金。政府于 2012 年规划建设、2013 年建成的水利楼就是遇到上述情况，也因此产生很多矛盾和意见。此外，原本规划要建造的游泳池，也因为所在地有红树林，并有村民提出红树林是自己的，这样受到群众阻挠，后来也就不了了之。

不仅村委如此，理事会也面临这样的问题。第一届簕山新农村建设的理事会会长李香华表示，村里修建的道路、停车场等会占用到村民的土地，但因为得到的补偿金很少，村民们不太想把地让出来。在遇到这样的情况时，不论是村委还是理事会都要给村民做思想工作，向村民说明他们是旅游发展起来最大的受益人。通过沟通，大部分村民能够理解，并同意提供土地用来进行基础建设。

三、国家统计局开展生计追踪工作

“国家记账户”是国家为了更好地获得居民收入水平，而特定选择进行收入记账的部分居民。国家统计局组织开展的全国住户调查，通过收集居民家庭的收入支出、生产就业、教育医疗、社会保障、居住条件等信息，可以为促进城乡居民增收、全面建成小康社会提供决策依据；可以为全面推进乡村振兴、做好农民工服务提供统计支持；可以为制定最低工资标准、社会保障标准提供数据参考。“记账户”是统计局根据科学抽样方法在全区中抽取出来的，覆盖了各个收入阶层，每个“记账户”都是通过严格的抽样程序确定的。住户调查即住户收支与生活状况调查，是了解我国城乡居民收入、消费及生活状况的重要统计工作。

在簕山古渔村共有10户人家被统计局选为“记账户”，他们需要记录家里每一天的收支情况，包括家庭常住人口的日常消费和收入情况。记账需要下载手机软件“e记账”，它是由国家统计局开发的官方软件，用来记录记账户家庭的日常收入、消费、生产经营等数据。“e记账”软件的功能多样，其中记账的数据分为收入、支出、实物、农业等四类。收入是记录指家庭成员的收入情况；支出是指记录家庭成员的全部支出，这里既包含食品、居住、医疗、教育等生活性支出，也包含个体经营户用于生产经营的支出（不含农业生产支出）；实物是指记录收到来自单位或者政府的实物产品和服务；农业是指记录和农业生产、消费相关的项目。“记账户”需要在对应的板块详细记录好每一笔开支，比如买菜，需要填好菜品名称、数量、单价、斤数、金额，购买方式是网购还是实体店等。每个社区都有专门的监督辅导员，若是出现漏记的情况，他们会提醒“记账户”。监督辅助员还会走访“记账户”，及时跟进并解决记账户在电子记账中遇到的问题，对于文化程度低、电子记账能力较差的“记账户”，进行手把手教学、一对一指导。此外，统计局会在春节或其他节日之际，开展慰问“记账户”活动，由统计局领导与工作人员下村，与记账户面对面交谈，并向记账户致以节日的问候和祝福，发放春节慰问品，激励记账户按时、如实、认真地记账，为提高住户调查的数据质量，准确反映防城区居民收支情况奠定坚实的基础。

实际上，除了平时的节日慰问，记账户每月都会得到统计局发放的150元劳务费。“记账户”是由统计局抽选出来后将名单交于牛路村村委，再由村委联系“记账户”，并告知其需要记录每日的收支数据。此外，为防止样本老化，提高样本精度和代表性，住户调查样本按照样本户“五年一大换、中间一小换”的规定进行轮换，即记账户样本每五年进行一次大样本轮换，重新抽取，中间每两至三年会有一次小轮换，所以每户“记账户”记账时间一般不超过三年。不过也有特例，有的家庭连续两次都被抽取为记账户，因此他们需持续记账。

一位“记账户”XRC表示：

每天都要记，一天买的东西支出多少、收入多少都要记，收入一般按一个月来记，打零工多少钱，养老金多少钱，挖沙虫收入多少钱，等等。统计局每个月会给150元的劳务费，还会帮我们充话费，平时过年过节也会派人过来慰问。记账户的抽选信息是通过牛路村联系村民的，我们簕山的收入比较可观，整体的收入水平也比较高，这10位记账户中，另一位和我一起年纪较大的收入低一点，不过也还不错，一年也有好几万。我记账还是比较真实、负责任的，有的记账户在年收入记录这块会写低一些，因为他们不想被知道赚得的钱多。之前工作人员联系我帮忙记账的时候也说清楚了，一切信息保密不会对外公布，我也很放心。统计局做这个记账的工作是想了解当地的收入情况，我支持国家工作。

总之，“国家记账户”认真记账、尽心记账、真实记账是非常重要且有意义的，这些数据每月定期汇总到统计部门，构成国家测算居民可支配收入的重要来源。记账本记录下簕山古渔村旅游开发以来村民收入的变化，也给政府制定相关政策提供了第一手的数据资料。

第三章

生产与建构：簕山古渔村村落景观新风尚

村落景观即经过长期持续规划建设，村落与所处地理环境深度融合而形成的人与天调、意象丰富的整体环境体系。渔民的生活观念、处事原则以及治理理念的发展与变化，受特有的自然环境与社会环境的双重交叉影响。其中，自然环境因素是人们形成特有的治理观念的基础组成部分，社会环境则在人的后天习得的过程中，通过有意识和无意识的文化适应，赋予乡民以地方特色的处事方法。本章聚焦古渔村之“景”，探讨渔民在特有的滨海生存空间中如何繁衍生息。同时，簕山古渔村因旅游获得开发的契机，其发展旅游的过程也是一个制造新环境和新景观的过程。在旅游开发的刺激下，簕山古渔村的景观格局发生了新的变化。村落景观包含了一定区域范围内具有景色的形态结构，山水、植物、可供观赏或娱乐的景致、建筑、场所等物质要素，以及能够感受和体验的人文精神。因此，村落景观能够反映当地村民特有的文化族群和社会物质空间。有关村落景观重构的研究往往与地方认同、权力、表征相关，又或是意图分析村落景观生产、建构机制下的运作关系、一般化逻辑以及社会后果等，然而这些研究有时是单一、碎片化的，缺乏整体性和系统性。对于簕山古渔村而言，要想全面地、深入地了解村落景观的生产与再造，应该关注其构成要素、文化表征以及背后的形成机制。

综上，本章从传统渔业景观变迁中探讨乡村空间再生产下的“景观”。古村落发展旅游的过程，也是景观再生产的过程。传统渔业文化与渔业景观、自然景观、建筑景观交相辉映，反映当地村民特有的文化族群和社会物质空间。本章将从村落景观的结构布局、文化表征及空间再造的过程三个方面分析古村落景观生产及建构机制下的运作关系，关注村落内人地和谐共生建筑景观、历史文化景观、渔猎和谐生产生活景观、“人潮”共舞的节日景观再生产过程，进而明确当地村民特有的文化族群和社会物质空间。

第一节　村落景观的外部结构与内部布局

民族旅游开发的资源基础层面，以传统村落为核心构成的整体景观形象无疑是最为重要的一项构成。然而村落是一个复杂的文化综合体，任何一个民族的聚落及形态，都是文化、社会生活需要、地理环境等多重选择的结果。因此，要想全面深入理解村落景观的丰富内涵，就应将其视为一个整体，多维度、跨层面地对村落景观展开分析。期间，首要的任务就是认清村落景观的基础结构与空间布局。

一、外部空间结构

簕山古渔村位于广西壮族自治区防城港市企沙半岛的东南面，地处钦州湾西岸，是三面环海的半岛村落。簕山古渔村的外部空间不仅沿海岸线伸展且向内陆延展，呈半岛状，东南面环海，且地势低缓平坦，各村落建筑随地形地势自然分布。簕山古渔村实为广西防城港市港口区企沙镇牛路村辖下的 14 个自然村之一，簕山古渔村与九龙寨村、大坪坡村、吴上村、吴下村以及苏屋村五个自然村相接。[①] 簕山古渔村三面环海，村落前方为一片方圆数十平方千米的浅海沙滩，村民可在浅滩作业，村落背后与其他自然村相接，是一块块的水塘，当地人多用于

① 资料来源：牛路村村委会文件《簕山古渔村简介》。

养殖虾，且村落的西南方向生长有大片的红树林，景色宜人。

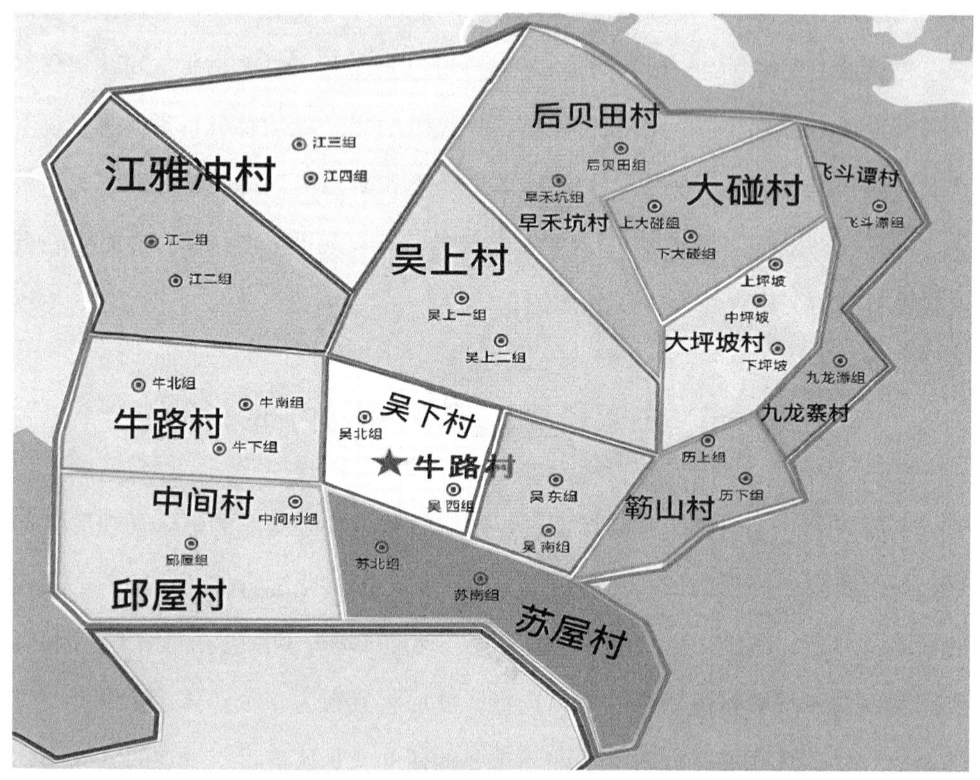

图 3–1　牛路村 14 个自然村和 28 个村民小组分布图（供图 / 牛路村村委会）

簕山古渔村距离防城港市中心约 25 千米，距防城港市区约半小时车程。[①] 外部交通公路路面硬化完好、旅游专车可直达旅游区，交通便利。而簕山古渔村与外部相连的道路共有三条，一条是位于西北方向的进村主干道，道路上有建成的景门，景门前肃立着一座雕塑，座上是三尊人像，一男一女一孩童，仿若在欢迎人们来到簕山古渔村做客，继续沿着进村道路行走到达村前的海堤护栏边方可看到开阔的大海。其他两条外延的道路则与邻村相连，一条位于西南方向，还有一条是沿着海岸向东北方向的道路。此外，据笔者访谈了解得知，簕山古渔村村民与隔壁的吴上村和吴下村关系较为密切，这是由于嫁到簕山古渔村的女性主要

① 资料来源：牛路村村委会文件《簕山古渔村简介》。

以这两个村的居多。

二、内部整体布局

簕山古渔村的空间实践与其建筑、道路网、空间布局等密切联系。簕山古渔村的结构布局并不复杂，根据笔者在调研过程中于牛路村村委会见到的簕山古渔村导览图，可以清晰直观地看出村落的布局以及各区块的主要功能。如图所示，景门位于村后，景门左侧建有可供村民娱乐锻炼的篮球场，右侧设立了游客中心，具有综合性服务功能。不仅如此，游客中心旁还设立了一个收费站，专门负

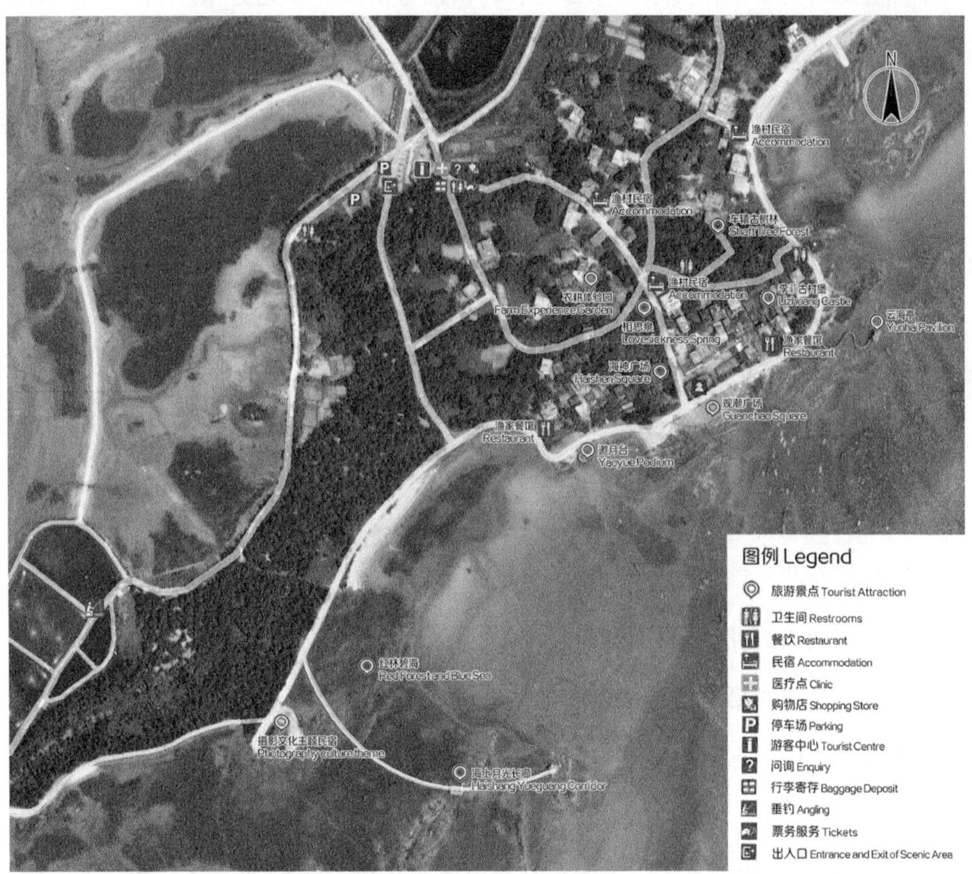

图 3-2 簕山古渔村导览图[①]

---

① 资料来源：牛路村村委会文件《簕山古渔村简介》。

责进村来往车辆的停车费收取工作，而这也是村集体经济的一种，收取的车费则用于村落卫生服务和设施修缮。西北方向的进村主干道绕着村落边缘直达海岸，道路两旁是丰茂的树林，未到居民住宅区极少有建筑。

由于政府介入，簕山古渔村获得大力发展旅游业的契机，因此，该村早在2015年就已成功入选“全国特色景观旅游名村”名录，当地村民也陆续开办民宿、饭店等。据笔者走访统计，簕山古渔村有70余户，截至2022年底，该村的民宿减至32家，饭店有6家，可见村落的半数人家都在经营民宿或者餐馆，吃着“旅游饭”。由于开办民宿的村民较多，因而民宿布局较为分散。餐馆除了村落中部道路口有1家，其余5家都是在村落前方沿海处排列分布。同时，在靠海一带的旅游步道上，除了渔家餐馆，还有粉店，以及各种卖零食和玩具的地摊。为此，可以总结为村落前方靠海一带是最主要的购物消费区域，餐馆和民宿也在此密集聚拢，村落后方中部地区的民宿则沿内部道路散布。

簕山古渔村作为一个旅游村，其基础设施的建设也是必不可少的。自簕山被列入“港口区企沙簕山古渔村休闲渔业示范区”以来，政府加大了对簕山古渔村资金的投入力度，先后完成了村庄游览主干道、村庄道路绿化、停车场、海堤护栏、污水处理厂等基础设施建设，将企沙镇簕山古渔村打造成为了基础设施完善、旅游特色鲜明、服务功能齐全、内外交通顺畅、环境优美的特色休闲旅游基地。

据村民介绍，簕山在20世纪一直处于较为封闭的状态，村里没有什么大道，道路是狭窄的黄泥路，通往村外的小道也很窄。2000年，有位村民自费20万元修建了通往村里的第一条道路，村民均对她表示感激。之后，村子的经济收入水平显著提升，村里也渐渐修起水泥路。经历2001年大修路的村民回忆说：

20世纪70年代到80年代的簕山是很穷的，海鲜卖得不值钱，道路很窄，交通不方便，没有路也没有电，自行车都骑不出去，海鲜拿到企沙镇去卖需要2～3个小时，到了的时候东西也都坏了。后来，改革开放后政策好了，村民的生活水平也在不断提高。我在外面做生意，每次回簕山经过的路段都很窄，回来都不能直接开车进到村里，只能到外面虾塘那块地方，那会我就想着等有钱了一定要给村子修一条路进来。

直至2011年，簕山古渔村进行旅游开发建设，大力发展旅游业，对乡村道路建设的需求越来越高。原有道路已逐渐不能充分满足车辆的通行，而拓宽公路建设，改善交通环境，成为推动新村建设、促进乡村旅游发展过程中优先考虑解决的问题。2010年，平整建设簕山古渔村进村大门入口地段，并铺以石条；2011年，实施簕山古渔村进村道路扩建，拓宽3米，长300米；同年，进行簕山古渔村道路扩建改造；2013年，实施石条人行道（品海阁地面）硬化工程，拆除破旧路面基层，并完成路面硬化600平方米；2014年，建设旅游主干道长400米，宽7米，面积2800平方米。① 上述项目的完成，拉开了构建簕山古渔村交通骨架的序幕，使得古渔村旅游基础设施得到进一步完善。目前，簕山交通网络体系不断完善。簕山古渔村内部道路分为车行道、次干道、游览步道、栈道，游览线路建设生态化、景观化。内部的道路已初步形成网络，游览步道布局合理、顺畅。同时，外部交通也很便利，簕山古渔村位于防城港市企沙镇，距防城港市区约半小时车程，外部交通公路路面硬化完好，旅游专车可直达旅游区。

除完善村庄道路外，为了加快簕山古渔村旅游景区的开发建设，完善相关的基础设施，更好地产生经济和社会效益。簕山还修建了北入口停车场，并建设排水沟和停车场岗亭等。此外，簕山古渔村里有一个地埋式污水处理站，是广西壮族自治区首批防城港市首座污水处理站，于2010年12月15日建成并投入使用，设计处理能力为日处理生活及餐饮污水80吨，经处理后，各项出水指标均达到一级排放B标准，基本满足全村的污水处理需求。②

如今的簕山，交通便利，各项基础设施齐全，可以满足日常供水用电垃圾

① 资料来源：港口区企沙簕山古渔村休闲渔业示范区中报验收材料。
② 同上。

图 3-3　簕山古渔村景门（摄影 / 罗润秋）

处理的需求。整个村庄十分干净整洁，村落路旁花木葱茏，一片新绿。黄昏沿着古朴的村庄散散步，仿古的青砖瓦房和现代水泥房交相辉映，特色民宿和餐馆别具风情，海风习习，涛声入耳，是为惬意。

第二节　村落景观的文化表征

学界认为，在景观人类学研究中，通过景观可以阅读、表征、象征各种权力关系，同时景观本身也是文化权力的工具与实践场域。[①] 由此，探析景观的文化表征也是全面深入了解村落景观的重要环节。

① 黄秀波：《秩序与失序：民族村落旅游景观的表征与生产》，《中南民族大学学报（人文社会科学版）》2020 年第 3 期。

一、“人地和谐”共生类自然景观

（一）车辕古树林

随着古村落慢慢进入人们的视野，曾被人遗忘的古屋乡居、古树林又重归人们怀抱，得到人们的亲近，成为人们喜爱和追逐的对象——簕山古渔村就保留着一片古树林。最早时它是一片物种丰富、地缘广阔的原始森林，满目皆是古榕树、车辕木、相思果树等林木，林中老藤新蔓交织盘缠，遮天蔽日，撑出一片清凉之地，同时也给古树林平添一层神秘幽静的气氛。这里曾是飞鱼鸟兽的天堂，生物资源丰富。有的古木达到千年树龄，枝干虬曲苍劲，透漏出岁月的痕迹。林子几经沧桑，现今保存下来的千年古树不多，但村落后方仍旧保留有一定面积的古树林，守护着这一方水土。古树林历经诸多磨难沧桑更替至今，依然翠绿青葱，殊为难得。

古树林中有很多是古老的天然车辕树，这是一种珍稀树种，也是罕见的滨海原生态古树。车辕木不仅珍贵，更因其纹理细腻、质地坚硬、颜色美观，为不可多得的上好木材，常用于制造马车和手推车的车把手、车轮，或用于造船等。除了古树车辕木，古树林中还生长着许多“相思树”，原名“女人树”。其在花期后即可结果，成熟的果实颜色鲜红，引人注目，可作装饰或供人观赏。在簕山还流传过有关“相思树”的浪漫故事，传说“女人树”爱慕榕树，但因榕树是“神树”，不得与“女人树”相好，所以“女人树”感到十分难过，只得日夜相思，故为此得名“相思树”。

车辕古树林得以完整保存也离不开簕山古渔村村民的保护。据悉，曾有建材公司想买下这些古树，再有簕山古渔村在进行基础设施建设时，需要砍倒村中古树，这些古老树种在簕山生长数年，早已成为簕山村民心中的羁绊，在老一辈人的心中，古树亦有灵，因此，他们站出来坚决阻止。如今，古树林里铺上了游览步道，干净的步道交错贯通，不仅是往来的捷径，也成为游客和村民散步休闲的好去处。古树林给予簕山庇护场所，簕山人亦保护着古树完整，处处体现着人地和谐共生的表征意义。

（二）碧海蓝天

簕山古渔村自古以来有着景色宜人的原生态自然风光。村前有一片方圆数十平方千米的浅海沙滩，平坦开阔。白日站于嶙峋怪异的海岩上，放目眺望，碧海青天，海风拂拂，仿若从古时吹来。夕阳时分，阳光散落于沙滩，蔚蓝的海水、金色的沙滩与火红的夕阳，勾勒出的景色如同一幅色彩鲜明的画作。海岸上的礁石经过千万年的拍打变得姿态各异，形成簕山的一道风景线。

村民李某是一名小学老教师，当谈起簕山的自然风光时，他的神情十分复杂，脸上洋溢着自豪，时而又会有隐隐的遗憾：

> 我们这里的空气很好，有沙滩、礁石，还有保存完整的古树林，适合游玩观赏。不过比起现在的簕山，我更喜欢以前的样子，以前还没建防浪海堤的时候，涨潮时翻打上来的海浪可以冲到家门口，退潮后是一片沙滩，岸边有很多奇形怪状的巨石，海水也比较清澈，很少看到垃圾。我小的时候，整片海滩上都是捡不完的虾、蟹、螺，沙虫也多得挖

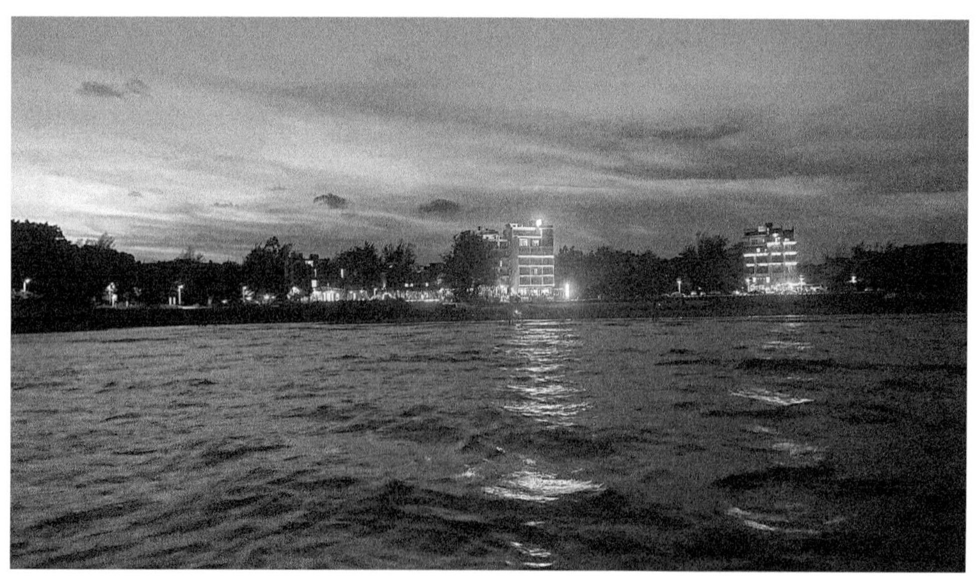

图 3–4　簕山古渔村远景（摄影 / 莫国俊）

不完。不像现在人太多了，现在的簕山更商业化，不够原生态。

实际上，簕山村民的生态环境保护意识也在增强，村民对于垃圾的处理问题逐渐规范。在游客进入之前簕山村并没有专门的人员负责垃圾的清理，也没有摆放垃圾桶，对此有小部分人会随地扔垃圾，但无论如何也不会有人将垃圾倒入海水中。后来，簕山古渔村乘着旅游开发的便利，开始出现村集体经济，即将景区车辆进出收取费用作为村集体的收入，也有了专门的清洁人员，他们的工资就是从村集体经济收入中支出的。现今，各方人士都在尽心维护生活环境不遭受破坏，因而海天一色的自然美景一直存在着，在这里人们依旧能看到渔村景色及海上风景，感受风景秀丽的海岛自然风光。不断提高环境保护意识，维护生态环境何尝不是人地和谐共生的体现。

（三）红树林

簕山古渔村位于防城港市南部近海腹地，属南亚热带季风性海洋性气候，受气候影响，红树蔚然成林。红树是热带、亚热带滨海泥滩上特有的常绿灌木或乔木植物群落，大部分树种属于红树科，生态学上称之为红树林，是能生长于海水上的绿色植物。簕山古渔村的红树林生长良好，丛林茂密。涨潮时分，红树林的树干被潮水淹没，只露出碧绿的树冠随波荡漾，成为壮观的“海上森林”，白鹭展翅其间。红树林是热带海岸的重要标志之一，能防浪护岸，又是鱼虾繁衍栖息的理想场所，具有重要的经济价值、药用价值和观赏价值。此外，红树林在净化海水、防风消浪、维持生物多样性、固碳储碳等方面发挥着极为重要的作用，为此被称为“海岸卫士”。然而，近年来红树林的面积急剧缩减，已然成为珍稀濒危物种，红树林的保护修复专项行动已在进行中。

簕山古渔村的外围可以一眼望见成片的红树林，但红树林的总面积不大，即便这样，簕山村的红树林也处于整体保护和生态修复的状态中。笔者在实地调研过程中，与调研组的同伴发现贴有“红树林保护”标志的车辆停靠在停车场，可见，保护珍稀濒危红树林树种，积极开展实施红树林保护，加强管理、强化红树林生态修复、加大红树林资源保护宣传力度等行动是落在实处的。对此，笔者认为红树林的保护与修复行动实则反映了人与自然和谐共生。

二、历史文化类人文景观

（一）李氏古村堡

李氏古村堡是簕山古渔村的核心，也是早期李氏宗族祠堂及居住地的集合体。从簕山古渔村的历史来看，李氏古村堡始建于明末清初，是为了防范海盗而建成的。据村民 LYJ 手撰的簕山历史材料记录，创建簕山村的始祖李常熙在明末清初于簕山扎根，后为防海盗骚扰，始祖依照八卦图之玄理来建造屋舍和通道。

建造的古村堡大体呈方形，村子四周围起一丈多高的厚实围墙，围墙成为村落一道坚固屏障。村子东西南北四个方向各有大门和岗楼，岗楼是青砖建造的，每座占地约 30 平方米，为两层小砖楼，二楼开有瞭望眼和枪孔，居高临下，用于瞭望放哨，并可打击入侵贼寇。此外，村内有四条大巷和相连的众多小巷，纵横贯通、迂回曲折。而各大小巷中，又有“生路”和“死路”之分，村里人熟悉构造可畅通无阻，而外来人员则易进难出。若有贼人进村，既找不到进攻路，也找不到撤退道，将落入进退两难的境地。李氏古村堡原称“李氏之堡”。据老一辈的村民所述，簕山历史上真的出现过海盗侵扰情况。有一次，海面上出现三艘海盗船，意图劫掠渔村。当时，东门岗楼的值哨之人发现了海盗，他端起土枪便朝海盗船射击，海盗船上的帆绳被子弹击中，桅帆应声断落。失去船帆，船只无法鼓风行驶，加之村中人枪法精准让海盗震惊，且传闻“李氏之堡”易守难攻，海盗不明堡中虚实，只好打消劫掠的念头，仓皇逃离。此后，海盗船驶过鹿山海域，对“李氏之堡”仅是侧目，再不敢靠近。历经三百多年风雨沧桑，现李氏古村堡的围墙已毁，仅存东门的岗楼，我们无法通过遗迹追忆当年的威赫，但从村民口口相传的传奇故事中可领略当年风采。村中的一座大古宅厅堂（现为李氏祠堂），青砖古墙，苔迹斑斑，堂里有副对子：“柱史家声远，青莲世泽长。”历代名人辈出，文员代代相传。现如今，每逢佳节，这座古宅厅堂总是迎来烧香祭祀的李氏族人。

古村堡是村民生活实践的产物，也是深厚历史文化积淀的载体，这一媒介存储着簕山人的文化素养和思想精神，对此，修缮古建筑是传承历史文脉的首要任务。古村堡对外抵御敌人，对内通情络义的空间结构特征，体现了簕山村民齐心协力、团结一致的象征意义。大祖厅（祠堂）处于古村堡的中间位置，起到核心作用，也反映了宗法制度的重要地位，以及内聚家族凝聚力和祖先崇拜的文化表征。

（二）革命的摇篮——“读书楼”

古时的簕山古渔村即李氏古村堡，是一座坚固的碉堡，村里的防卫能力很强。村的东北角有一座大门楼即北大门，这座门楼和其左右两侧的房屋一样高，墙上和屋顶都雕刻有精致的龙、凤、狮、虎等各种图纹，极为精妙。而北大门的顶楼，是专供村里深造学问的子弟学习之地，村里人称之为“读书楼”。

根据 LYJ 手撰簕山历史材料记录，在这座具有深远的历史和现实意义的“读书楼”里，曾发生过一场惊心动魄的战斗。解放战争时期，钦防地区的革命部队分散在山区的广大农村、沿海一带，同敌人进行英勇顽强地战斗。有一小分队人马，就常常在簕山村活动，“读书楼”是他们的活动据点，这是由于古时簕山古渔村的房屋结构复杂，此处十分隐蔽，近山，退路也方便。他们还组建了一个地下交通站，其交通员包括了来自簕山村和隔壁光坡村的同志。地下交通员们团结协作，联系紧密，准确掌握敌情，方便和保证了革命部队的地下活动，深受部队欢迎。因此，“读书楼”不仅是读书学习的圣地，还是革命的摇篮。[①]

“读书楼”作为学习和革命摇篮的空间场所，起到了表率作用，簕山人以此为荣，也受到极大的鼓励，好好读书、树立远大志向也成为簕山人的优良传统。

① 资料来源：LYJ 的手撰记录。

缘此，簕山古渔村也出了许多人才，印证了大祖厅神龛上那副对联：“荆树开花兄弟乐，书田有种子孙耕。”这是祖公留下的宝贵精神财富。之后，簕山古渔村发展旅游业，村民兴办客栈、农家饭店等参与旅游开发，渐渐富裕起来，而在人流往来更为密切的现代生活中，簕山人在接收许多外界的信息后也越发重视教育。由此可见，“读书楼”历史事迹的衍生精神具有促进人们勤奋学习、树立远大志向、踏实前进的表征意象。

（三）古井及其传说

簕山古渔村作为一个具有三百多年历史的滨海古渔村，有着绿树成荫、海天一色的迷人风景，处处体现人与自然的和谐。簕山古树成林，苍翠茂盛，还有两口历史悠久的古井。一口是“月边古井”，另一口是“仙龙古井”，也叫“相思泉”。

据 LYJ 手撰簕山历史材料，明朝中期，簕山李氏始祖李常熙到簕山定居，在建村前挖了一口水井以满足日常生活用水需求。后来，始祖李常熙在经过多方考量之后，决定在村后陈家的田角处再挖一口井。首先，那里的环境很好，其次，该处的四周像个大圆盘，有“风水先生”说这里是良田宝地，是“聚宝盆”。为此，李常熙选择在这里挖一口“月边井”，井头朝西，井口向东，井深八余尺，井口宽四余尺。井的四周均由顽石砌成，井口有石梯，可以沿此阶梯下到井底。井底下有两块石条，每块石条长一尺有余，宽一尺，且两石条之间的距离一尺有余。以往村民取水时，就是下到井底踩着这两块石条。不论是雨天还是旱天，井里总是有水，且这口井的水质极好，清甜纯净。天旱之时，村民们都在这里排队轮流等水，有说有笑，好不热闹。可惜的是 1960 年人们为了开荒扩种，便将这口“月边古井”填平了。

村庄的另一口古井也是挖于明朝，古时村民称之为“仙龙井”，后称为“相思泉”。村里的“地理先生”曾说，簕山是青龙伴蟹，青龙在这里吐出两条山泉水，一条水在社王山，一条水在村里的山龙沟，这两条流水从后山向海里慢慢流淌。而井的位置正好在青龙口上，泉水从石缝里流出，后经由泉水的长年冲刷，石缝下方冲出了一个石坑，这个坑有三尺多深，二尺多宽，坑内的泉水干净清澈。因井池离村近，村民时常在此挑水饮用，十分方便。传说有一年农历七月初七，乡亲们要挑井水来造“七水”（即农历七月初七取回的井水），有村民在这口井里看见“七仙姑”游动，为此大家纷纷认为井中的是“仙水”。此后，村里人便称这口井为“仙龙井”。

另有传说，经常有大青蟹在这口井爬进爬出，村民认为大青蟹是祖公在人间游乐的化身，能够见到实属幸运之事。因此，村民绝不会去伤害它，并将它小心地保护起来。一天，一个村民去井里挑水，不小心掉了下去，奇怪的是人虽摔到井底却未伤分毫，也没有被淹。人们说这是因为有青龙在上面拉着，七仙姑在下面托着，祖公也在保佑着。后来，李氏祖公李常熙把井挖深，并做好井面，一直沿用至今。又因井泉南边前方有三棵天然生长并根根相连的“相思树”，且根茎从地下暗通泉边，因而该井又得名“相思泉”。

有关村庄两口古井的故事鲜少有人了解，笔者在田野调查过程中多次同访谈对象提及古井的历史，对方皆回应不知，村庄古井在他们眼中更像是一种集体记忆的写照，这是因为簕山村在通自来水之前的日常生活用水都是来自古井。古井这种“公共空间”承载的即簕山人的集体记忆，也是簕山人的历史生活写照。

（四）跑马场

明末清初，祖公为了培养各方面的人才，除了在学校深造学问成才以外，还在村西边的山尾沙滩建造了一个跑马场。在这里训练各种马术、战术、练枪法、刀法、弓法、举重、剑术等武艺，同时也是纺纱、娱乐和休闲的好场所。沙滩从现在簕山大门的路口起，向西南延伸到山尾沙滩口，全长约有 1.5 千米，约 200 米宽，西北面高，东南面低。古时，这里是参天的古树林，祖公就在此建造跑马场。据老一辈人说，马道是笔直的，宽如四大块泥砖，每块泥砖约有 1 米宽。马道的尽头是个大的圆形，直径约 45 米，整个马场像个胡琴。马场全部用大泥砖铺平，并在上边种满草，这样马能跑得更快，也不易伤马蹄。

村里住着的三房人，总共有七匹马，大房和三房各有两匹棕色的蒙古马，二房有三匹白色的四川马。为了保证训练质量以及各房人才更好地成长，祖公特地从外地请来两位具有专门技术的教官，每周分批次上场训练。除了以上列出的训练项目外，还有攀高和举重训练。在参天的古树中，挑选几棵高大挺拔的大树，在树间横架着三条去竹节青的大竹，按顺序排列，第一条距离地面四尺，第二条距离地面六尺，第三条距离地面八尺，是专门训练攀高的设施，可以理解成现代的跳高项目。举重训练采用的道具是石磙，有不同的规格，分别是 200 斤、400 斤和 500 斤。各房子弟们在跑马场训练多个项目，增强体格，提升武艺。虽然跑马场已消失在历史长河中，但其传承的精神仍存，具有鼓舞人们追求强健体魄、不怕苦不怕累的表征意象。

三、传统渔猎类生产生活景观

簕山村的渔民们一生都与大海有着亲密的接触，他们以大海为家、以渔业为生。簕山古渔村曾是传统的滨海渔村，村民靠海吃海，即便后来进行新农村建设后大力发展旅游业，村民兴办客栈和餐馆，也没丢掉传统的渔业技能。潮起潮落，他们撬牡蛎、耙螺、挖沙虫、出海捕鱼，日作暮息。

清晨，海水退潮，干净平坦的滩涂露出，阳光明媚、蓝天白云，仿佛身处天空之镜。渔船错落停在海滩中，渔民忙碌着拾海货。有的在滩涂的礁石上撬牡蛎，将黏附在礁石上的牡蛎壳敲碎，把里面的肉拣出来放进篮子里。一般劳作一两个小时，就能够收获满满的一篮子牡蛎肉，回家后将牡蛎肉清洗干净，就可以用作午餐或晚餐了。耙螺也是一样的，退潮后总能看到螺场上的渔民身影，他们带上各自的耙螺工具，踏上这片海滩；有的在自家螺场耙螺，一两小时便收获颇丰，若是除了自己吃还要出售，往往会工作到太阳落山；挖沙虫亦是如此，退潮时出门，涨潮前归家；而出海捕鱼则是要等到涨潮方可行动，因为退潮船会搁浅。渔民的生活很是自由自在，同时也很是辛苦。

图 3–5 渔民耙螺（摄影 / 梁云）

图 3–6 渔民挖沙虫（摄影 / 梁云）

在簕山古渔村这个滨海古村落中，撬牡蛎、耙螺、挖沙虫、出海捕鱼等生产劳作方式展现着其海洋资源丰富及簕山村民的勤劳，并表达了簕山渔民的生存智慧和特色渔猎文化。

第三节　村落景观的空间再造

村落景观的研究发展至今，已有众多学者引入包括人类学在内的跨学科视野和方法开展研究工作。保罗 · 奥利弗（Paul Oliver）认为，建筑学与人类学结合为主，并借鉴历史学和地理学，可能是最适合乡村聚落的研究方法。[①]其中，人类学的研究方法便是很好的借鉴，这也为景观人类学的产生提供了方法论基础。1989 年，在伦敦大学经济学院举办的“景观人类学”学术会议为景观人类学的发展奠定了基础。自此，景观人类学正式成为人类学的分支学科，这也表明了人类学家对研究对象客观意义的深层次追求。在考古学、地理学等不同领域的相互影响下，景观人类学已然成为利用人类学理论视角和方法对人类景观作系统研究的学科，意在探求人与景观环境、景观文化的相互作用和影响。

景观的制造包括了“生产”与“再生产”，即生产、发现新的景观以及对原有旅游景观的再造、重构、舞台展演化。为了阐明村落景观反映的人地关系，除了要了解其外在的物质形态和构成要素，更是要了解形成这种形态背后的深层原因，即村落景观再造的生产机制。簕山古渔村的村落景观再造，有一个空间生产与场所建构的过程。从景观人类学的理论视角出发：一方面，从“空间”视角来探析景观的生产，发现簕山古渔村景观的生产是依照地方政府这一权力主体规划的“古树、古村、古渔猎”主题打造的；另一方面，从“场所”视角探讨景观的建构，获知景观建构往往形成于当地人的生活场所之中，具有当地人的生活实践经验或集体记忆。此外，地方政府也会结合当地史脉、文脉和生产生活来制造景

① 韦诗誉:《人类学视野下的乡村聚落景观研究——以龙脊村和弗林村为例》,《风景园林》2018 年第 12 期。

观。当地人在生活实践过程中也会向“三古”主题贴近。可见，簕山古渔村落景观的再造是在“空间”生产与“场所”建构相互交叠下形成的。

一、“空间”视角下村落景观的生产

自 20 世纪 90 年代景观人类学兴起以来，对景观的解释分为了“场所”与“空间”两种不同的视角。不仅如此，“场所”和“空间”还是景观人类学的重要分析框架。“场所”与“空间”的概念最早是在英国人类学家哈休（Eric Hirsch）和奥汉隆（Michael O’Hanlon）的《景观人类学——在场所和空间之间》中明确提出的。[①] 然而在后续的研究中有关“场所”和“空间”的概念使用并不完全一致，因此学界对于“场所”与“空间”含义的界定也不尽相同，其中最主流的观点是克里斯托弗梯里（Christopher Tilley）下的定义。梯里认为“空间”是为了达成目标而划出的资源领域。[②]

此外，“空间”与“场所”作为景观人类学的主要分析基轴，河合洋尚将基于这两种视角进行的研究分别称为“景观生产论”和“景观建构论”。景观生产论是基于“空间”的分析基轴，探讨景观的形成过程。准确来说，景观生产论是指通过文化表象制造出“他者”幻象，进而产生出景观这一“空间”，并研究其所内含的意识形态和权力的运行。[③] 接下来笔者将从“空间”视角探析当地政府如何于权力语境中解读景观，又是怎样建构景观的。

（一）“邀月台”与“李白后人”

走访簕山古渔村，刚步入村庄，便能发现数十米高的雕塑像，即“邀月台”。“邀月台”是一座矗立在海中的观景台，赭石色的巨大基座上方放置一座

① 刘静静：《“过山置水”——广西龙胜县龙脊红瑶小寨的村落空间营建》，硕士学位论文，广西师范大学法学系，2018。
② 陈昭：《场所与空间：景观人类学研究概览》，《景观设计学》2017 年第 2 期。
③ 河合洋尚、周星：《景观人类学的动向和视野》，《广西民族大学学报（哲学社会科学版）》2015 年第 4 期。

雕像，是“诗仙”李白一手撑卧榻、一手举酒杯，邀月共饮的模样。“邀月台”宽数丈，高十多米，有石拱桥连接至海堤，石壁上还刻着《月下独酌》：“花间一壶酒，独酌无相亲。举杯邀明月，对影成三人。”

来往的游客无一不走上“邀月台”，观赏大自然的优美风情，感受李白对月独酌的惬意之情。“邀月台”成为簕山古渔村的“打卡地”，大家都很喜欢与李白雕像合影，留下回忆。村里的孩童们也喜欢爬到雕像旁静坐或玩乐。傍晚时分，村里的青少年或是静坐在雕像旁思考，或是同身旁的伙伴聊天，小朋友则在“邀月台”上嬉戏。

簕山修建“邀月台”并配以李白的雕像及诗赋，是因为村庄李氏居多，村民也都认为自己是李白的后代。而李白是世界著名的伟大诗人，历史地位崇高，其作品也备受世人追捧，他有着恒久的人性魅力，其非凡的自信与豪放洒脱的气度也在某种程度上让簕山村民引以为豪。诚然，史料记载的李白故居并不在此，簕山村民是李白后人这个说法有失妥当。据村民 LYJ 手撰簕山历史材料记载，簕山李氏是陇西辗转迁徙过来的，与李白同为陇西李氏宗亲。早在两千多年以前，陇西李氏就是陇西这一地区的望族大姓。南国始祖李火德，是陇西唐高祖李渊门下的第 27 代裔孙，簕山李氏又是李火德的后代，所以簕山李氏也是唐高祖的裔孙，同是陇西丹阳成纪人。李白祖籍陇西成纪，因而说簕山李氏与李白是陇西李氏宗亲。基于这层关系，在海上建造这么一个“邀月台”以此表明同伟大著名诗人李白关系亲密虽有些牵强，但似乎不会显得突兀。有趣的是，因同为陇西李氏，加之“邀月台”的产生，使得簕山村民已经默认他们是李白的后人，自豪感也油然而生。一般而言，“被制造”的旅游景观常常因对当地人缺乏意义和价值而难以被认同或不被认同。[①] 经由上述分析，“邀月台”的建造在一定程度上能够激起村民的地方自豪感，同时也能够促进旅游创收，也由此簕山村民间接受益于旅游景观，进而产生认同。

① 刘丹：《旅游景观“制造”与地方认同》，《新西部》2019 年第 23 期。

图 3–7 邀月台（摄影 / 梁云）

（二）源自“蟹地”的海上月光长廊

在簕山古渔村西南方向的海面上有一座长廊，名为海上月光长廊。其由实木建造，气质古朴，蜿蜒入海。长廊两侧是仿古的镂空护栏，中点处有一个供旅人休憩的观景台，延伸至终点有一个木亭，其配有下海的楼梯，有时海水上涨至阶梯，有兴致的游人会握着扶手踩在被海水浸没的阶梯上感受跌宕起伏。长廊的两边是大片的红树林，翠绿青葱。海上月光长廊就此成为游客的“打卡地”之一，辽阔的海景，随处可见的岩石，舒朗的红树林，独特的观景台……都在这一刻完美地融为一体。这个古韵长廊，其建造生产的背后与簕山的历史息息相关。据村民口口相传的历史所述，簕山是一个“蟹地”，不仅因其地状貌似螃蟹，也是因为簕山是个风水宝地，有“宝蟹”。而作为簕山村最了解簕山历史文化的教书先生 LYJ，向笔者讲述了有关簕山“蟹地”的故事。

传闻，明朝时期有几批“风水先生”到簕山调查风水宝地，明末清初时来了最后一批，共三人，他们同住在村里，白天骑马外出勘查，晚上回村休息。三位先生并没有向众人告知姓名，只说国师叫“五哥”，庭师叫“七哥”，社师叫“九哥”。国师和庭师住满半年后回朝上报情况，留下社师继续工作。为了送别这两位大师，村里专门设了宴席，临别时，两位大师分别给村里送诗词，含义深刻。

国师曰：

金蟹抛波

风水宝地在簕山，龙凤狮虎把村环。
金蟹抛波显奇水，东西流向九江还。

庭师曰：

丰衣足食

饱蟹卧塘要放蛋，龙王常送好美餐。
嘴边鱼虾常常有，丰衣足食某忧难。

后社师住满三年，也将回朝，惜别时送诗词曰：

大地在簕山（蟹地）

三波乡有一支龙，一直伸到缸瓦冲。
慢慢探出狮子岭，就在簕山这地方。

金蟹吐波

簕山风水是出名，一对螃蟹龙口边。
东西两塘藏宝蟹，金蟹吐银养子孙。

基于此，簕山被称为“蟹地”。后来的海上月光长廊更是基于簕山是“蟹地”这一历史来建造的，长廊建造的位置刚好就是簕山“蟹地”的“左腿”上。簕山进行旅游开发之初，曾有政府官员向 LYJ 请教，对此 LYJ 表示：“南边的这条‘蟹腿’就是现在的海上月光长廊，在建这个长廊之前，这个地方是有一路石头延展回来的。西边的‘蟹腿’还没有做好，本来这边应该有个望海楼，我也多次向政府提议：一定要给簕山人做好另一条‘蟹腿’。”也就是说，簕山古渔村海上月光长廊这一旅游景观制造的一般化逻辑可以概括为“民间识别—权威认证—具体布景—巩固强化”[①]。

图 3–8　海上月光长廊（摄影 / 梁云）

（三）云海亭

云海亭于 2011 年旅游开发建设时修建，观海栈道从岸边一直蜿蜒入海，栈道另一头是具有两层观光台的亭子。栈道和亭子均用石砖修砌，整体设计古韵十

① 谢小芹：《旅游景观是如何被制造出来的？——基于黔东南州 J 村苗寨旅游开发的实证调研》，《中国行政管理》2017 年第 1 期。

图 3–9　云海亭（摄影 / 梁云）

足。此外，栈道和亭子都有护栏，护栏高度及腰，在观光者欣赏大海美景的同时保护其安全。

云海亭也是一个位置绝佳的观景台。站在亭中，可以俯瞰古渔村，同时欣赏随风凌空溅起肆意飞舞的浪花。潮起时看星辰大海，潮退后赏海岸礁石。云海亭而今也是重要的旅游观光“打卡地”，几乎进村的游客都会在栈道上走一走，去亭子里看一看。

（四）簕山海堤

防城港市位于我国内陆海岸线西南端，是广西壮族自治区北部湾经济区的重要组成部分，也是广西 36 个重点防洪城市之一。[①] 随着广西壮族自治区北部湾经济区的开放开发，防城港市社会经济发展迅速，特别是近年来港口区的企沙工业区发展迅猛，但其落后的防洪基础设施与城市发展极不适应。为完善防城港市港口区防洪体系，保障围堤内人民群众的生命财产安全和海水养殖业的稳步发展，

① 资料来源：港口区企沙簕山古渔村休闲渔业示范区材料。

改善沿岸景观及投资环境，促进区域社会经济发展，建设簕山古渔村海堤工程势在必行。

2005 年以来，当地群众通过集资并积极争取地方政府扶持支农资金修建了簕山李屋组 270 米海堤，为浆砌石挡墙结构。由于建设标准低，加上洪潮灾害频繁，遭受海浪和海潮侵蚀导致原海堤坍塌、损坏严重。目前其他堤段基本无防洪（潮）设施，难以抵挡较大的洪（潮）水侵袭，保护区内洪潮灾害频繁。因此，簕山迫切需要新建防浪海堤阻挡海潮侵袭，2010 年建设簕山古渔村海堤工程是一项惠民的举措。簕山古渔村海堤位于防城港市港口区企沙镇牛路村簕山生产组，面对北部湾海域，东北侧为钦州湾，距企沙镇政府 13 千米。海堤按十年一遇防潮标准来建设，总长度为 1.676 千米，堤顶高 4.6 米，防浪墙顶高 5.6 米，海堤保护人口 270 人，保护面积达 1.21 平方千米。[①] 簕山海堤建设耗资巨大，但其为村民带来了实际的安全保障。

笔者在访谈过程中问及簕山海堤的建设情况时，村民告之：

> 村子还没有建海堤之前，大家都喜欢往村后建房子，后来建了海堤，村民又开始往海边建房了。这是因为那时候大家都怕风浪，村子以前没有海堤时就靠沿岸底下成片的礁石来挡海浪。但光靠礁石是不行的，地面上全部是被冲上来的乱石，而且海水经常涨上来，路都没有，要等退潮后才有路可走。现在建好海堤之后就安全多了。

2013 年，村子又加建了海堤防护栏，总投资 3.8 万元，耗时一个月，建设“邀月台”往西竖式垛口护栏。项目完成后，古渔村旅游基础设施得到进一步完善，为游客创造了一个出行方便、快捷、温馨的旅游环境。现在的海堤防护栏墙面上彩绘着渔民生活图景，对此也有游客表示其不符合簕山“古树、古村、古渔

① 资料来源：港口区企沙簕山古渔村休闲渔业示范区材料。

猎”的特色风格，与古朴原生态的渔村显得不符。不过，村民对此没有什么意见。另外，海堤防护栏还是晾晒鱼产品的好位置，白日可以看到防护栏上放着长长的“地笼”[①]，村民在地笼上晒鱼干或咸菜，黄昏时分村民坐在防护栏上吹海风，话家常。在这里可以感受到十分浓厚的渔民生活气息。

（五）观潮广场

观潮广场是簕山海堤上向大海方向延伸的一块半圆形场地，亦是游客观潮的最佳位置，以及开展祭海节的活动地点。簕山古渔村面向西南海域，辽阔的海面极其独特，每年农历天文大潮来临时，“惊涛拍岸卷起千堆雪”的场面十分壮观。奔涌的海潮扑向岸堤，掀起排排巨浪，远望，潮水如一条延绵不绝、迅速前移的白链滚滚而来；近观，潮水如卷起的大堆雪花，不断增高，一浪高过一浪。海浪拍打着石岸古堤，响声如雷、巨浪滔天，形成簕山观潮奇景，吸引区内外不少游客前来。笔者在簕山古渔村调研时正值 7 月，虽未曾见过村民口中所述十米高的巨浪，却也看过潮水拍向石岸海堤撞起大片浪花，在海堤防护栏上冲起一米高的浪潮，稍靠近些就会面临全身湿透的可能，仅是如此已经很是震撼，不禁让人感叹观潮节将是何等盛况。

在旅游的刺激下，簕山古渔村的村落景观格局发生很大的变化，其中包括游客进入形成的消费空间，地方政府在权力语境下生产的景观以及当地人依据其观念与地方感知建构的景观。通过对旅游开发语境下簕山古渔村村落景观的空间生产与场所建构景观人类学研究，可将簕山古渔村村落景观分为两个部分。其中，第一部分即本节的核心内容，即经由外部观察者诠释的“官方景观”——“空间”。譬如，簕山古渔村在专家学者、外来游客、地方政府的眼中是休闲舒适且极具民俗特色的古渔村。地方政府更是围绕“古树、古村、古渔猎”这一主题将

① 地笼：当地人近海捕捞海产品的渔具。

簕山古渔村打造成为特色景观旅游名村。地方政府先是协调各相关部门进行簕山古渔村的基础设施建设以及旅游景观的生产。其中，包括道路交通、水利工程、污水处理厂、停车场、公共厕所、游客中心、景门、景区通行收费站、旅游标识牌等基础设施的建设，这也是簕山古渔村进行旅游发展的先行条件，只有交通便利、基础设施建设得到保障，发展旅游才有可行性。地方政府不仅坚持维护古建筑的保存完整，还对李氏古村堡进行修复，同时其周围建筑的立面装修、地面铺设的青石砖等都尽可能地与古屋建筑风格相协调，营造古风古韵的氛围感。海上观景台的建设也是围绕"古村"这一主题，其建筑风格多为古朴又典雅与大气。"邀月台"和海上月光长廊的产生则是基于簕山古渔村的历史故事，簕山是"螃蟹地"和簕山人是"李白后人"这两个说法引起了当地政府的关注，并纳入到旅游景观的生产当中。诚然这些村里流传的说法于学术界而言是不认同的，其真实性也并不成立，但"邀月台"建设的出发点是好的。由此可见，地方政府在旅游开发过程中遵循了当地人的观念与地方感知这一内在逻辑，通过对历史文化的挖掘、对民俗特色的凸显来引导旅游开发，而基于此进行再生产的景观又反作用于当地人的生活实践。

二、"场所"视角下村落景观的建构

有关"场所"的定义也不尽相同。其中，梯里认为"场所"是由人们的经验、感觉、思考、爱恋等建构的范围，而这样的定义与法国人类学家马克·奥杰（Jean-Marc Ogier）界定的"场所"概念如出一辙。奥杰认为的"场所"是能够赋予人们认同感、关系性及历史性的社会空间。[①] 换言之，"场所"更像是人们的居住地，是能够让人感到心安舒适，有生活保障的范围。相应地，景观建构论是基于"场所"的分析基轴探讨景观的形成过程。景观建构论侧重于将那些容易被忽略的当地人当作主体，重视通过专注于"场所"去考察景观被"赋予意义"的过

① 河合洋尚、周星：《景观人类学的动向和视野》，《广西民族大学学报（哲学社会科学版）》2015 年第 4 期。

程。不但如此，景观建构论还将“场所”建构过程中个体与个体间的利益争夺、相互竞争作为讨论的对象。接下来笔者将从当地人的视角去认知其生活环境，在“场所”视角下进一步探讨当地人是如何按照其生活实践经验与记忆进行景观生产，旅游景观又与当地人的生活有何种联系。

（一）李氏宗族与居民建筑的分布

簕山古渔村共有 70 余户，其中李姓和夏姓为主要姓氏，李姓人口最多且集中分布在村落的中间地带，而夏姓人口相对较少，主要分布在村落的两边。由于李氏最早迁入此地，开枝散叶，李氏宗族也成为村落重要组成部分。据村民 LYJ 手撰簕山历史材料记录，簕山李氏的远祖在陇西，始祖名为李常熙，堂号是陇西堂。始祖李常熙原是广东省广州府三水县人，于 1400 年从广东移居到钦州府东海九龙鸡窝村，后迁到西海榄埠村安居有四十八年。始祖李常熙娶妻吴氏，生有两个儿子，长子德隆、次子德凤。长子德隆娶妻张氏，次子德凤娶妻骆氏，德凤无子嗣。德隆夫妇于 1448 年秋带领全家迁移簕山安居，生有四个儿子，长子春秀、次子春芳、三子春辉、四子春茂。前三个兄弟迁往天堂角安居，以捕鱼为生，子孙绵绵。后来，长子春秀又从天堂角迁移回黄泥潭。四子春茂则安居簕山，人丁兴旺，生有三个儿子，长子发樟、娶妻苏氏，次子发林、娶妻吴氏，三子发梅、娶妻邓氏，又娶龙氏。从大到小依次分为三大房：大房住村中间，二房住村东，三房住村西。但经过世代更迭，各房的布局也发生了变化，目前村民公认的李氏各房分布情况为大房住村西、二房住村中间、三房住村东。由于各房人数不断增多，各房成员居住的空间正不断地缩小，人们活动的空间也受到限制，为此陆续有人搬离出来，在自己土地上盖起了新房子。目前，在李氏祠堂居住的各房人员几乎都已搬离，各房人员杂乱分散在村庄的各个角落，已经很难按照区域将各房的居住范围划分。据村民 LXS 介绍，他们家是第一户搬出来的：

我们所知道的就是二房住在中间，三房在右边（东边），大房在左边（西边）。我们以前都住在祠堂旁边那片老房子，我家是最早搬出来的。这是因为以前老房子住不下了，然后就重新盖房子，盖房子的地方都是我们自己的。那时候全部是山和坡地，有很多树。

（二）海神广场与社王崇拜

古代人特别注重祈福，因为他们认为风调雨顺才能五谷丰登，方可生存下去。在此基础上，祈福逐渐发展成为一套完整的符号体系，进而传承下来。[①]簕山古渔村因海而生，傍海而居，当地人也因海而得福，所以对海洋抱以畏惧之心、感恩之心、企盼之心。正是这种淳朴的情绪，使人们面对海洋，产生了膜拜祭祀、神话等情感和行为，出现民间自发地祈求平安的“祭海活动”。

“社王”被认为是村寨的保护神，据当地村民描述，簕山古渔村有一棵千年的古榕树，独木成林，这棵树即该村的“社”。逢年过节，簕山古渔村都要举行祭神活动，即“拜社”。“拜社”是簕山古渔村当地的民俗，按照仪式，全体村民敬拜保佑一方的“社王”，祈求“社王”庇护全村人平安康乐，保佑风调雨顺。每逢农历二月初二，总能看到全村男女老少在古榕树下生火煮饭，席地而坐，开怀畅饮的情景。然而不幸的是，在经历过两场台风后，这颗千年古榕被连根拔起……后来，人们将它锯成几段，置于神位后两侧。随着村内建设不断完善，这一“拜社”场所也修缮得越来越好。后来在官方的开发建设过程中，这里被称为“海神广场”。海神广场正是簕山古渔村村民举办拜社、祭海、渔家婚俗等活动的场所。于此处，“社王”的“神位”用石板砌成，整个广场的地面铺满石板，广场中心的“国泰民安鼎”熠熠生辉。

（三）配套设施与旅游服务景观化

旅游景观包括了一定区域范围内具有景色的形态结构，以及可供观赏或娱乐

① 赵群：《传统民居生态建筑经验及其模式语言研究》，博士学位论文，西安建筑科技大学，2005。

的景致、建筑、场所等实体，游客能够感受和体验的人文精神，甚至包括了旅游区域的配套设施和接待服务。[①]过去，簕山古渔村的村民靠海吃海，经济来源靠捕鱼、赶海为主。自开发乡村旅游后，随着环村道路、云海亭、休闲步栈道、观潮广场等一系列基础设施的完善，村里的游客越来越多，名气也越来越响。2009年，乘着村里发展旅游的“东风”，最早一批客栈在政府支持下建设完成，共建有7家客栈。随着基础设施进一步完善以及旅游景观的新建，吸引了越来越多的游客，也促使更多村民参与到旅游开发建设中来，村民陆陆续续开办客栈、餐馆、商店以及摆起地摊，大家都吃起了“旅游饭”。

现在，村民几乎都建起了新房，当上了老板，收入比过去翻了好几倍，生活也越过越红火了。这种配套设施的建设以及旅游服务的进步完善，不仅是村民的生活场所、游客的消费场所，也是一种旅游景观。而且，随着游客的介入，簕山村民开办客栈、餐馆等行为其实是在向游客靠拢，譬如村民为响应旅游开发，新增一种生计方式，将原有的房屋进行改造或加盖更多的楼层以开设客栈，房屋的改造也更趋于便利实用，又如村民为适应游客的进入而新建餐馆。建设民宿前，聚落内部生态空间零散分布、杂乱无序，发展民宿后，生产、生活、生态空间布局规整有序，即村落生态空间逐步景观化。[②]而这些基于旅游开发的配套设施以及旅游服务不断景观化不外乎是旅游景观建构的一种形式。客栈作为凝视与消费的对象，被来自外界观察者不同的审美和凝视欲求的作用力不断地投射于景观形态之上，地方性建构趋向旅游者期望中的“地方”。[③]

1. 客栈建设

2009年，当地政府拨款两千万元建设新农村，大力发展旅游业。在政府的鼓励与支持下，全村共7位村民开办客栈，这也是簕山古渔村第一批开客栈的村

① 吴必虎：《论旅游景观》，《社会科学家》1987年第4期。
② 杨庆媛、张荣荣、苏康传、张汇明、王文鑫、张浩哲：《基于巴渝民宿的乡村营造研究》，《西南大学学报（自然科学版）》2021年第7期。
③ 汤国荣、章锦河、孙晋坤、彭红松、张瑜：《旅游地民居景观形态演变中的旅游地方化建构——基于地方口述史的哈尼蘑菇房案例》，《热带地理》2016年4期。

民，当时村里的客栈总共只有 21 个房间。据村民李 XA 介绍，起初政府引导村民开设客栈之时，客栈主要接待政府领导及相关人士，且当地村民在向领导了解政府将会在簕山古渔村投入多少资金的时候，政府方面没有给予明确的回答，当地很多的村民并不是非常愿意去开设客栈，害怕亏钱，所以很多村民还是以耕海捕鱼作为生计方式。2012 年至 2015 年间，簕山古渔村的名声越来越响，旅游发展综合效益显著提升，吸引大规模游客的同时也促进了当地村民大规模开设客栈。村民们陆陆续续办起客栈，直至 2022 年底，全村共有 32 家客栈在经营，也就是说，半数的村民都做起了客栈。

簕山古渔村因其优美的自然环境和独特的人文资源吸引大量游客前往，越来越多客栈开办以接待游客。客栈的建设不光是个人的投资，政府为了促进村民开设客栈也给予一定程度上的补贴，不同时期的补贴方式和力度也不同。2009 年，簕山古渔村第一批客栈的建立政府给每间房都置办了一台空调、一台电视。2011 年，政府给予的补贴形式是每间房 2000 ~ 3000 元。

客栈修建多少间房与个人意愿相关，一般要考虑成本以及经营者自身的精力与客栈的配套服务。2009 年，村里开办的客栈的房间数量很少，后来这些客栈开始不断地扩建和翻新，完善客栈的环境和基础设施，比如客栈大厅和房间的装修，空调、热水、电视、无线网络等基础设施的改进，与时俱进以便于满足游客的需求，吸引更多的游客，提高客栈的入住率。不过翻新一般不会有特别大的改动，此外还需要进行一些日常的维护。

客栈的开设最重要的环节是需要拿到相关的批准及相关证件。首先是需要通过村理事会和政府的盖章认证，其次需要置办营业许可证、健康证等，最后等待企沙镇政府相关部门人员检查客栈的基础设备和环境卫生，确认是否具备开设客栈的基础条件。例如客栈楼层超过三楼则必须配备消防通道、消防栓、灭火器等。一般开设客栈的申请流程在一个星期之内即可完成，另外，客栈开设后需要配备公安局的系统，即入住客人的身份证登记系统。以上工作完成之后客栈即可投入使用。

在簕山古渔村，客栈的经营者均为当地的住户，他们受旅游业发展的带动继而开设经营客栈。客栈在服务工作方面基本上由客栈经营者独自承担，忙碌之时会请子女、父母或亲戚前来帮忙。比如一些打扫卫生、接待游客的工作。当然，也有一些客栈会雇佣员工专门负责各项服务。客栈床单、被套等每日的换洗可以让客栈人员洗净晾干，也可以交由专门的洗涤公司负责。

每家客栈都会在各大旅行网站平台上设立自己的账号供游客查询预约。房间的价格在不同时间段会有差异，周末和节假日较平时的价位会有较高的涨幅，尤其是在“三月三”“五一”等假期以及寒暑假期间。此外，客栈不仅提供住宿，也会结合当地资源条件开设丰富的游玩项目吸引游客，举办烧烤、耙螺、捕鱼、挖沙虫等活动。

2. 农家饭店与现代生活

簕山古渔村内共有 6 家大排档，其中 5 家位于海边的大道旁，只有 1 家大排档在村庄内部。海边的大道和居民楼间的大片空地就是专门设计规划给村民开大排档、粉店和摆摊的，形成消费市场。大排档搭建的形貌很相似，其中有 4 家是一样的结构，即搭建一处铁棚，直接在棚子下方摆设好桌椅，各类海产品的展示玻璃柜单独放在一处，供客人点餐使用。而厨房则设在铁棚不远处的家中，因为大排档都是在自己家附近的空地搭建起来的。因此，一般是顾客在海鲜展示柜前选好海鲜并称好重量，并选择喜欢的做法，或者直接按照菜单上点单，再由厨师在大排档不远处的厨房里加工。另外 2 家大排档则装修得比较正式，有专门的厨房，取名也比较文雅，室内桌椅与整体的房屋布局相协调，木制的屋架和牌匾以及彩色灯串装饰比铁棚多些精巧细致，可见店家在就餐环境这一方面的重视。

村里的大排档都是由夫妻两人或兄弟姐妹一起经营管理的，只有厨师是外请的，不过有一家大排档的厨师是自家人亲自上阵。因地理位置、就餐环境、服务质量、菜品口味、菜品价格等因素影响，各大排档接待的游客人次存在一定差距。店家要想脱颖而出，则必须在这几个层面上有所注意。比如村庄内部的大排档在地理位置上不如靠海的农家乐，那么店家就会在菜品价格和口味上做出调整，即将菜品价格适当调低一些，并注重口味的稳定性。

笔者访谈了海边一家大排档的老板，他提到：

我们餐馆所在的地理位置还是挺好的，几乎每天都有客人，周末假期的时候常常爆满。比如现在还没到 8 月份客流量最大的时候，就已经有很多人了，一天能接 30 桌左右客人。饭店平时也会接待旅游团，不过旅游团的消费水平比较低，我们不太愿意接待。

海边的另一家农家乐老板谈道：

我家的大排档是一家人一起做下来的，我们夫妻俩和儿子儿媳妇共同经营，已经开了十一年。早期进行旅游开发建设时，我们自己决定开的。除了大排档，我们家还有螺场，平时游客少的话也会出去耙螺。游客一年四季都有，冬天会少一些。除了租金，其他的开销还包括棚子搭建、桌椅、冰箱、风扇、餐具等基本用具的置办。另外我们还请了位厨师，包吃住，一个月有两天假期。一般店里进货都是去企沙市场购买的，不需要去码头找，进货量的多少主要看店里的消耗。来簕山的游客主要的目的是玩和休息，很少是专程过来吃海鲜的，大家吃得也不多，所以进货也不需要太大的量。

除了大排档，还有许多粉店。粉店的构造很简单，直接在一片空地上搭起棚子，在棚子底下摆上桌椅。粉店置办的桌椅比较轻巧，多为小方桌和可折叠的塑料凳，可随意收取。粉店主要提供早餐和午餐，一般早上 6 点出摊，下午 2 点到 4 点收摊。粉店食物的种类也很丰富，有粥、面、粉，口味有海鲜、鲜肉、叉烧等。

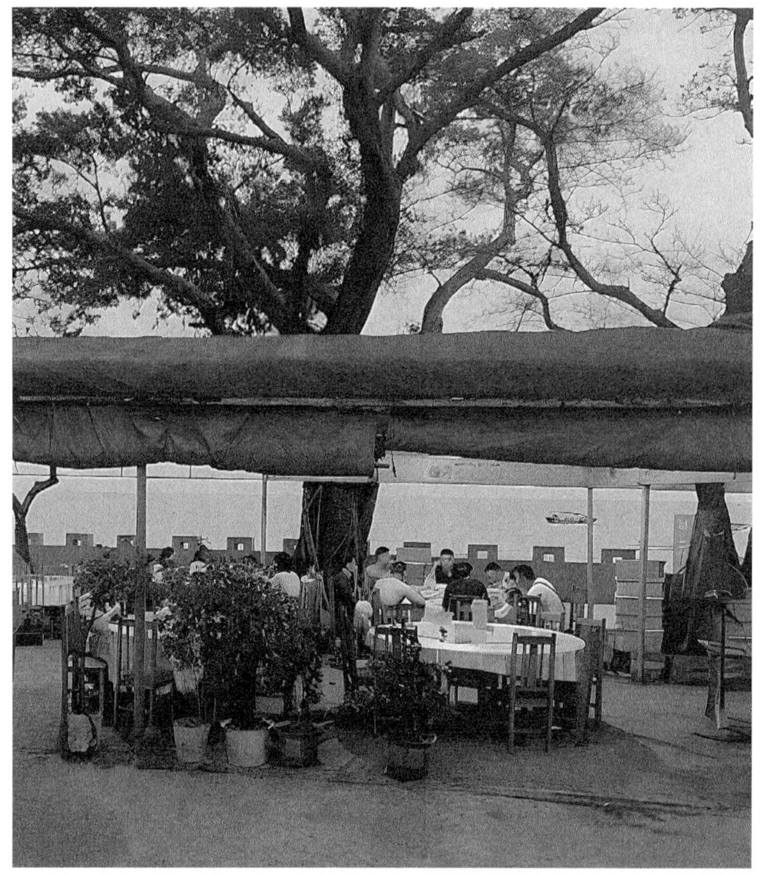

图 3–10　农家饭店（摄影 / 罗润秋）

其中一家粉店的老板娘向笔者介绍平时开店的情况：

我们粉店开了有四五年，主要给那些来旅游的人做早餐和中餐，一般做到下午。

3. 商店与地摊

簕山古渔村共有 3 家商店，其中 2 家商店位于村庄海边大道旁，另 1 家商店在村庄内部。海边的两家商店，其中一家较为显眼，有烟火气息。大门前毫无遮挡，店里面的商品琳琅满目，零食、饮料、生活用品、遮阳游水用具一应俱全，为此，客流量相较其他两家商店会大一些。另一家在村内的商店出售较大容量的大米和大桶的矿泉水，更适合那些来旅游选择自己做饭的人，同时店家还提供送货上门服务。此外，每天都有人在道路旁摆地摊，卖糖水、小吃、冰激凌等吃食或者出售一些遮阳帽、拖鞋、玩泥沙耙螺的水桶和铁铲等用具。

综上，簕山古渔村村落景观的第二部分是在“内部”视角的当地人认知下的生活场域中建构的景观，即“场所”。这就包括了一些历史人文景观，李氏古村堡、村庄古井、“读书楼”等，以及渔民的生产生活景观和拜社、拜海的民俗活动景观。这些景观均与簕山村民的日常生活息息相关，经由时间的积累沉淀已然赋予了深厚的价值内涵。由此形成的“民间认知”则被政府权力者“智取”后进行旅游景观再造。然而最特别的要属旅游配套设施与服务的景观化，当地人兴办的客栈、餐馆与粉店、商店与地摊等都成为一种新的旅游景观，甚至于旅游服务也在景观化。村民开办客栈民宿便将自己的生活场所与游客的消费空间相结合，村民可以按照自己的喜好对客栈的空间结构进行设计与布局，但同时也要考虑游客的介入，由此发现客栈的建筑设计在往实用、便捷的方向靠近，客栈厨房开放共享也是一大特色。不仅如此，客栈、餐馆等为了吸引游客还设置了多样的游玩体验项目，如出海捕鱼、耙螺、挖沙虫、烧烤等各项活动。

第四节　“人潮共舞”的节日景观传承与舞台展演

将仪式、地方民俗等文化以舞台展演的形式加以呈现，实为叙事性景观的呈现。而这种文化展演是现代以新的方式重述历史、构建集体记忆和凝聚文化认同，是加强民族社会教育、文化、经济和旅游发展的关键点。[①]

簕山古渔村是防城港市颇具代表性的滨海村落，同时也是一个不可多得的

① 黎年茂：《神话·仪式·景观——壮族民俗体育“蚂拐舞”现代转化人类学阐释》，《体育科技》2020 年第 1 期。

观潮所在。簕山古渔村三面环海，一眼可望见辽阔的海面，村前靠岸处有大片礁石抵御风浪，礁石形状各异，为大自然的鬼斧神工。正因村前的大块礁石以及建造的防浪海堤的截断，在每年5—10月这一时间内受潮汐的影响，潮水位比以往要高，海浪拍打礁石潮涛汹涌，巨浪滔天，和防浪海堤形成天文大潮景观，极为壮丽。2009年旅游开发建设后，该村在防城港市委、市政府和港口区区委、区政府的关心和帮助下，按照“古村模式建新村”的思路，大力推进了各项建设。目前，该村明代古宅、银榕堤、车辕古林、“邀月台”、云海亭等一系列的原生态奇观和历史人文景点已经开发、包装初成，滨海特色的新农村硬件已显规模。2010年6月13日，该村举行了新村大门的落成典礼；为了庆祝古村喜换新颜，进一步宣传古村旅游品牌，次日还举办了“簕山2010年‘与浪共舞’观潮节”活动。此后簕山古渔村每年都会举办观潮节活动，时间一般选在5—8月潮位最高的一天。

簕山古渔村“与浪共舞观潮节”活动的举办是各方单位合作开展的，由防城港市港口区企沙镇簕山古渔村主办，防城港市民间文艺家协会、防城港市摄影家协会、簕山古渔村村民理事会、港口区新农村建设簕山工作组承办，防城港市港口区财政局、防城港市港口区旅游局、港口区企沙人民政府协办。簕山古渔村观潮节的举办旨在提高景区吸引力，宣传和提升簕山古渔村的知名度和美誉度。据了解，观潮节前三届都很成功，吸引着众多的自驾游游客和摄影发烧友前来游览。其中，2011年的第三届簕山古渔村观潮节还获得了“中国最佳生态旅游节”的殊荣。较为可惜的是观潮节只举办三次，此后由于资金短缺很难再办起来了。不过随着村集体收入的增加，理事会人员也曾计划再次举办观潮节。

曾参与主持观潮节的村民LXH向调研组介绍：

观潮节开始是区政府主办的，以前（2009年）我们建村的时候有一个工作队在这里负责。每年区政府都拨款给我们举办这个观潮节，后来工作组撤了之后就不做了。不过我们村里也是有能力举办的，观潮节

图 3–11　观潮节活动展演（摄影 / 梁云）

图 3–12　观潮节活动展演（摄影 / 梁云）

图 3–13　观潮节歌曲演唱（摄影 / 梁云）

> 花销一般在十几到二十万，现在村里也有几十万的收入，本来我们想去年（2020 年）继续办的，后来因为疫情取消了。观潮节很热闹的，第一个流程是“送新娘”，由一位演员扮新娘，穿着喜服，众人敲锣打鼓，抬两台轿子；第二个流程是祭祖，先拜土地公再拜海，还会请很多道公佬来唱歌，政府搭舞台请他们来，很热闹的。

观潮节活动丰富，整场活动时长为半天，活动内容包括迎亲、拜社、祭海、情景摄影和歌舞表演，十分隆重且热闹非凡。第一个流程是迎亲，主办方请来演员扮演新娘和新郎，并置办了两台轿子，邀请村民一同参演。村民换上配置的特色服装，拿好道具，尽责演绎自己的角色。新娘和新郎换上喜服，坐在火红喜庆的轿子上，由村民抬着轿子绕村走一圈。8 名男子负责抬轿子，男人们身穿蓝色无袖套装，腰间绑上黄色的系带，意气风发。轿子旁边是穿着红色套装的女子，扮演媒婆。轿子身后跟着很长一行送亲人员，有两列分别穿着绿色套装和蓝色套装的妇女们，她们挑着担子，扮作送嫁妆的人员，担子两边是竹筐，里面装着粽子，在绕村过程中会将篮子里的粽子分发给群众吃。两列挑担子的妇女们身后是乐队，敲锣打鼓，氛围感十足。队伍一旁是手持长杆鞭炮的纵队，将鞭炮缠在细长的竹竿上，由村民们扛在肩上跟着迎亲队伍一起走。浩浩荡荡的迎亲队伍秩序井然，让过往的行人游客不禁驻足观赏。

第二个流程是拜社，当地人也叫“拜土地公”。拜社要准备三头杀好的猪，用红绳捆绑在竹竿上。在社王祭祀的场所，放两张桌子，将三只肥猪摆在其中一张桌上，另一张桌子摆三碗白米饭，以及鸡肉、猪肉、青菜和粽子等贡品。由 3 名道公主持仪式，随后大家一起上香拜公，祈求平安顺利。第三个流程是祭海，祭海同拜社相似，只是换了一个场地，将祭祀台转移到海边的观潮广场，同样的也要上香、放炮。祭海是民俗活动的最后一道程序，在祭海仪式结束之时，之前迎亲手持炮仗的队伍也会来到祭海的广场，燃起手中的鞭炮。至此，活动流程结束。

民俗活动之后是文艺表演。受邀而来的表演团在广场舞台表演歌舞；除此之外还有打太极、弹古筝、渔船雕塑上歌唱、海边礁石情景摄影等，把文艺表演与传统的民俗活动完美地融合在这古朴的簕山古渔村中。观潮节全面向游客展示了簕山古渔村勤劳淳朴、快乐安详的渔家风情，凭借“古”韵味、“渔”文化、“纯”民风及气势磅礴的“天文大潮”，构成一幅壮美的大自然画卷，引人入胜。

第四章

生存逻辑：多元生计与渔业智慧留存

在以往许多有关生计变迁的案例中，人们惯以“经济理性”来解读个体和群体的行为。经济人类学家卡尔·波兰尼（Karl Polanyi）认为：“经济是嵌合于社会之中的，人的经济行为绝不是一种纯粹意义上的追求最大化的功能——逻辑手段，而总是和丰富的社会与文化内容错综复杂地交织在一起。”[①] 而“经济理性”并不完全适用于解释所有渔民的多元化生计策略。本章讨论簕山古渔村村民生计的选择，即他们是如何从早期的单一的捕捞业，到改革开放初期大部分青年放弃渔业生计工作，选择加入务工浪潮，再到20世纪90年代兴起养殖业、21世纪初在政府新农村建设的大潮中加入乡村休闲旅游，最后到从事多种生计方式并存——其背后是村民“经济理性”的思考，是社会发展带来的经济行为，同时也是一种渔民对于乡村文化的留恋与生存方式的多样化所带来的思量。由此可见，渔业的传承与现代生计模式碰撞所产生的多元化，会对渔村的生存逻辑造成重大影响。

生计是民族学研究的传统主题，也是乡村振兴的核心。综上，本章将从生存逻辑的视角关注渔村生存之“计”，并探讨随着区域内大型企业的聚集、渔村乡村休闲产业的建立、渔业养殖和捕捞业的兴起，渔村村民如何实现当地化就业。

---

① 卡尔·波兰尼：《大转型：我们时代的政治与经济起源》，冯刚、刘阳译，浙江人民出版社，2007。

第一节　渔业方式转型：从“出海”到“耕海”

一、渔业发展历程

（一）北部湾渔业发展情况

北部湾地区临近粤港澳，面向东南亚，处于全国“两横三纵”城镇化战略格局中沿海纵轴最南端，是我国沿海对外开放的重要交汇点。根据《北部湾城市群发展规划》和北部湾经济圈的概念，[①]北部湾主要包含广西壮族自治区的南宁、钦州、北海和防城港，广东省的湛江、茂名和阳江，海南省的海口、三亚、儋州、东方等城市。

北部湾地区有许多不同种类的海洋生物，是我国传统的捕鱼区域之一，拥有渔场十余个，并且沿岸的滩涂面积广阔，属于海水养殖的天然基地。近年来，北部湾地区的渔业在政策支持下发展迅速。但同时该地区渔业还未形成成熟、合理的发展格局，与全国其他四个海洋经济区相比，其经济地位和作用还很小，仍存在许多不足。例如其近海渔业资源衰退，海洋捕捞成本增加，海水养殖潜力巨大，远洋渔业风险增大，产业结构亟待升级，等等。[②]

由于北部湾全湾几乎可以看做一个渔场，因此渔业管理部门习惯把全湾划分为十二部分，并以此为基本单位进行渔业数据资料统计，其被称为机轮拖网渔场。作为我国重要的渔业水域之一，1995 年就开始有机轮底拖网渔业生产，沿海地区渔船和渔获量的发展可以划分为五个阶段：

第一阶段，1955—1965 年缓慢发展时期。此时机动渔船开始发展，但海洋捕捞作业仍以非机动渔船为主，作业效率不高，渔获量增长比较缓慢。

第二阶段，1965—1985 年为中速发展时期。海洋捕捞业单位有较大的发展，

① 毛妙维、朱坚真：《加强海洋产业合作，共同发展环北部湾海洋经济》，《云南社会主义学院学报》2012 年第 4 期。

② 高国霞、刘湘桂、周红波：《北部湾海洋渔业经济预测体系构建研究》，《江西水产科技》2018 年第 3 期。

机动渔船转变为主要的捕捞作业方式期间渔获量略有下降，与20世纪70年代末80年代初越南在北部湾干扰我国渔民捕捞作业有关。

第三阶段，1985—1993年高速发展时期。伴随着生产结构和捕捞作业方式日渐合理，使得北部湾沿海地区的渔获量显著增加。1993年与1985年相比，渔获量增加1.5倍，平均每年递增12.2%，出现了捕捞作业量与渔获量同步增长的局面。

第四阶段，自1993年开始，由于捕捞强度的迅速提高，捕捞量呈逐年增加的趋势，但是严重破坏了鱼类生存环境和海洋食物链，造成渔业产量渔获组成等方面呈现恶化的趋势，使得渔业生产出现了恶性循环的局面。

第五阶段，自1999年开始，为了扭转渔业资源衰退的趋势，我国开始对海洋捕捞业实行控制，提出捕捞产量零增长的目标，并将休渔制度扩大到南海区，北部湾从此逐渐步入管理型渔业的阶段，其渔业资源有望得以恢复。[①]

1999年，为了尽快解决渔业捕捞强度过大的问题，实施海洋捕捞产量“零增长”制度。[②]广西壮族自治区严格按照《渔业船舶报废暂行规定》《海洋捕捞渔民转产转业专项资金使用管理暂行规定》等国家规定制定相应的配套措施，减少作业渔船数量、降低捕捞压力、保护渔业资源，并设立专门的渔民转产转业专项资金用于补助渔船报废等项目的补助，并增加渔政部门的执法经费，通过一系列减少捕捞船只和促进渔民转产转业的措施，使海洋渔业捕捞能力的增长势头得到了遏制，渔业剩余劳动力得到有效引导转移，渔业结构也得到一定程度的调整和优化，从而使得近海渔业资源一定程度上得到休养。[③]在这样的大背景之下，广西北部湾一带的海洋捕捞量迅速下降，许多依靠捕捞为生的沿海渔民不得不转向其他行业。为此广西壮族自治区通过失海补偿对渔民的利益加以保障，但是“靠海吃海”的渔民还是难以依靠这些补偿维持原来的生存方式，他们的生计转型也

① 刘容子：《中国区域海洋学——海洋经济学》，海洋出版社，2012。

② 吴艳芳：《我国海洋渔业政策转移的目标和途径研究》，硕士学位论文，中国海洋大学管理系，2011。

③ 李涓：《广西北部湾海洋生态补偿法律制度研究》，硕士学位论文，广西民族大学法学系，2020。

值得后续关注。

（二）簕山渔业发展

防城港市的海洋捕捞业，具有悠久的历史。海洋捕捞业包括近海捕捞与远海捕捞。新中国成立初期，防城港的捕捞业比较落后，规模小、作业工具是风帆船、小艇和竹筏。

1950—1952年，渔区的渔业生产得到党和人民政府的重视，解决专项资金，建造了一批渔船，使渔业生产很快得到恢复和发展。

第一个五年计划时期，渔业建立了合作生产组织，增船添网，扩大生产能力。作业方式从原来的大捕、拉钓等传统的手工捕捞为主，发展为以对拖、帆涨网作业为主。① 此时期防城港市远海、外海捕捞尚未正式发展。1957年，在全国进行集体制生产的大背景之下，防城港企沙镇成立了渔业生产大队，当地的渔民大多跟随生产队一起出海，才使得远海捕捞得到加强。此时，解决温饱问题成为了渔民们的首要问题，生产队成为渔村最主要的生产力量。

表4-1　1960—1990年防城港市各海域捕捞产量比例表②

（单位：%）

年份	1960年	1965年	1970年	1975年	1980年	1985年	1990年
远海、外海	5	20	20	20	15	10	0
近海	95	80	80	80	85	90	100

企沙镇上一共有三个生产队，分别是大船队、企英队、向阳队。每个队有五六艘大船。生产队的成员们来自各个村屯，簕山古渔村的许多老渔民们曾在生产队内工作。生产队里的渔民都是本地人，这种大船生产队的船员结构大致可分为三个等级：最高的一个等级是大工，接着是水手，最后是“伙头”。大工相当

① 韦文芳：《制约防城港市捕捞渔业和沿海渔民生计发展的因素分析与对策研究》，硕士学位论文，中国农业大学种植系，2006。
② 资料来源：由防城港市水产畜牧局提供。

于现代所说的船长，大工之下设立有正舦和副舦，类似如今的大副和二副。船舶的运行必须是连轴转，这就要求大工有丰富的航行经验和优秀的领导能力，懂得看地识图，辨别气候航线。专门管理船员们的伙食的称为“伙头”，此职位是最低的。据当地的村民们口述，虽然渔民的职位会分级别，但是他们的工分却是平均分配，工作比较出色的，会额外得到两三个工分。

一位曾在生产队工作过的簕山古渔村渔民告诉我们：

我是在20世纪70年代出海的，每次在海上待一两个月。那个时候生产队船员们的职位跟五六十年代有所不同，船上的船员们分工更加明确了，有水手、轮机、厨师、财务管理者，不同职位得到的工资不一样。工分按航期计算，出海返航回来后，把鱼卖光，就能拿到工分。勤快点儿的渔民，一般一个月会出两趟海，回来之后就有两期的分红。

如若不跟生产队出海远航，渔民们通常会乘着小帆船，与妻子或兄弟在近海区域作业。

20世纪80年代，人民公社解体。企沙渔业生产大队由于传统管理不善，渔船或老旧损坏、或变卖，船队难以继续经营，船只所剩无几。船队的办公室、办公楼也都抵押贷款了，久而久之，企沙渔业生产大队逐渐分崩瓦解。直到2020年，企沙镇政府建立了一个安置点，将以前解体的渔港大队集中起来，搬入此处上班。渔民们及其家属的户口都迁入此处，组成一个新的大队。企沙镇东港、南港划分出几个小社区，分别为东港社区、兴企社区、南港社区和乐业社区，由新的渔业大队来管理，以前的大船队、企英队、向阳队变成了大船社区、企英社区、向阳社区。生产大队解体后，渔民们也纷纷各回各家，从事近海捕捞或做其他的工作。

总的来看，在20世纪80年代以前，簕山古渔村的民众都还坚持着以捕捞为主的生计方式，这其中既有生产队组织的集体性的远、外海捕捞，也有各家各户可以进行的近海捕捞，辅之以耙螺、挖沙虫、抓小鱼、采牡蛎、捡海菜等杂海渔业。

20世纪80年代以后，随着生产队体制的改变，再加上渔业资源的减少，簕山古渔村民众的生计方式进一步多元化。由于不再实行集体出海，各家各户按照自己的时间安排劳动，于是远海、外海捕捞逐渐被放弃，近海捕捞成为当地民众最重要的生计来源。与此同时，一些青壮年劳动力摆脱了制度和地方性约束，开始外出务工，寻找更好的生计来源。

渔业生产大队解体之后，个体渔民的经济力量单薄，无法建造大船出远海，因此多以家庭为单位，与兄弟或妻子进行小规模的近海捕鱼业。当然，此时能够赴远海作业的渔民也并非全无，只是人数稀少，较为罕见；远海捕捞的时间，也从改革开放前的一两个月减短至8至10天。其收获与近海捕捞相比，不可同日而语。对于当时的近海捕捞生活，簕山渔民XJB说道：

> 我一共有两条船，我们出海驾船都是需要从业执照的。船上的职位有船长、轮机长、水手、工人。工人就是干杂活的，帮忙捡小鱼、扫地或者炒菜。我虽然是水手，但是在船上什么事情都要做，哪里需要我就去哪里，所以我什么都会做一点的。海上工作还是挺危险的，特别是有风暴的时候，有的浪高10米多，船是在浪上漂的，很容易就翻了。这个高度的浪在海面上基本就看不到船了，即便是近海都这么危险，远海就更不用说了。

在近海捕捞中，船上的分工鲜明，通常是男性撒网，其妻子或姐妹协助合力收网，后由女性将网里捕到的海产品收入桶中。每一次捕捞不免会将一些海草、泥沙带到船上，女性负责将船板冲洗干净。根据防城港市水产畜牧局的材料，1990—2005年，当地渔民基本上没有进行远海、外海捕捞的，在数据统计上为零；近海捕捞，则保持着相当稳定的水平。

表 4–2　1990—2005 年防城港市各海域捕捞产量比例表[①]

（单位：%）

年份	1990 年	1995 年	2000 年	2005 年
远海、外海	0	0	0	0
近海	100	100	100	100

二、渔业方式坚守

（一）捕捞工具留存

簕山古渔村目前的捕捞渔具有地笼、围网、拖网、流刺网、蟹网、虾网等。其中，地笼、围网、拖网是常用的捕捞渔具。这些捕捞渔具世世代代留存下来，在长期性的生产实践中，渔民们运用他们的智慧，创造性地改进了许多渔具。

1. 地笼

地笼的捕捞效率高、成本低，使用起来也较为便利。对当地人而言，地笼算是新型渔网，大概十年之前才开始使用。地笼又称为“万能网”，不仅可以捕鱼，还可以捕虾蟹等，所以渔民们都很喜欢用。

地笼的材质是塑料纤维，由一个接一个的长方形小笼串起，每个小笼的长度 10 米左右，一整条笼将近 100 米。地笼的左右两端拴有两根带着三个大弯角头的铁锹，铁锹的一端系有标记杆，标记杆的头是一面黑旗，便于渔民发现自己的标记点，杆的中部绑着一块塑料泡沫，尾部插入一个塑料瓶，增加标记杆的浮力。

2. 围网

围网属过滤性渔具，分为上缘网和取鱼部两部分。在目前的渔业生产中，围网是网具大、网次产量高的一种先进渔具，使用较为广泛。

3. 拖网

拖网的形状类似于一个漏斗形的囊袋，开口处是约两指粗的绳索，绳索的长

① 资料来源：由防城港市水产畜牧局提供。

度大约为 80 米，其接有漏斗形的网。绳索上拴有波浪形的铁链，分布均匀。以前的绳索栓的是圆锥块，而今改用铁链，是因为圆锥块体积较大，受腐蚀的面积更大，而铁链会相对小许多。铁链的宽度、长度、节度、重量等都会十分精确，每一户人家对此的把握也不尽相同，这属于渔民们的独家秘诀。链子的各项指标都要与网有合适的调配，因此在制作拖网的时候要反复地将网投入海中进行测试，直到达到渔民满意的程度为止。

4. 流刺网

流刺网是由若干块网片连接成的长带形网具，使用一层或多层塑胶丝织成，一般会将多张网片结合在一起，上缘系多个海绵塑胶所制的浮子，下端配附铅制沉子，垂直张开设于接近海平面附近的位置，等待鱼类游入而被网目缠住。

5. 虾网、蟹网

虾网和蟹网的形状与渔网相似，彼此难以分辨，需要凭网孔大小来区分。一般螃蟹网的网孔直径为 9 厘米，虾网的为 2 厘米。

（二）捕捞方式部分留存

1. 地笼作业

撒网时将网的一头抛入水中，随着船只开动，网会被迅速拖入水下，短短几分钟时间便可撒完。收网的时候一人负责拉网，一人负责把网里捕捉到的海生物装入盆中，要求双方动作迅速利落，配合默契。收网时要按顺序叠好，一个个网摞起来，这样在撒网的时候就不至于把网打乱。在当地，使用地笼作业时通常是在船只开动的情况下进行的。

2. 围网作业

围网作业是根据捕捞对象集群的特性，利用长带形或一囊两翼的网具包围鱼群，采用围捕或结合围张、围拖等方式，迫使鱼群集中于取鱼部或网囊，从而达到捕捞目的。捕捞对象具有较稳定的集群性，鱼群的大小和密度在很大程度上决定了围网的捕捞效果。尽管围网网具的长度和高度都很大，但在实际作业和操作

图 4–1　渔民在围网作业（摄影 / 慕丹妮）

过程中，其实际围捕面积和体积是有限的，对于群体小而较分散的鱼群，必须先采取诱集或驱集措施，将小群集成大群，达到良好的生产效果。

3. 拖网作业

拖网是一种移动的过滤性渔具，依靠机器、风力或人力，驱使渔船拖曳囊袋形渔具，在其经过的水域将鱼、虾、蟹或软体动物强行拖捕进入网囊，又不刺缠网目，以达到捕捞生产的目的。拖网机动灵活，能积极追捕鱼群，适应性强，同时捕捞种类十分广泛，可用于捕捞鱼类，也能用于捕捞头足类、贝类和甲壳类等。其作业范围甚广，可用于捕捞不同水层，现代拖网渔具已能有选择地对水域表层、中层、底层捕捞对象实施有效捕捞。

4. 流刺网作业

将网具设置在水域中，依靠沉浮力使网衣垂直张开，拦截鱼、虾的通道，鱼、虾一钻进去，就被刺入网目或缠络于网衣上，无法再逃出来。流刺网的网眼很小，几乎所有海洋小生物都能捕抓得到，适于近海作业，是一种较为简单捕捞方式，但同时对鱼群的伤害极大，目前已被列为禁用渔网。

5. 电虾

电虾即使用电流刺激虾的一种捕捞方式。渔民们背上背一个充电机，手持两根“V”字形相互交叉的竹竿，两根杆的中部再横置一条杆，将两边固定住，杆子下方兜着一张大网。在电虾时，人一边走动，一边将杆顶在腹部，不断地往前推，受到电流刺激的虾会从沙土里弹出来，落入网中。这种电流很小，只会让其受到刺激，不足以把虾电死。潮退之后，人们背着电机，将两只带有金属的杆插进沙地里来回走动，一只又一只活蹦乱跳的虾自然就从沙地里“破土而出”。

地笼作业、拖网作业、电虾等捕捞方式在当地早期虽有存在，但如今已经禁止，村民不再进行此种作业方式。

第二节　多元化的生计转型

生计是整个民族文化的核心，生计转型在社会转型中最为根本。同时，生计的转型进而演变出生计模式的多元化。生计多元化是社会变迁的一种表现，也是社会发展的重要推动力，生计多元化体现了人与社会关系的变革。

早在20世纪30年代末，费孝通先生就注意到江苏开弦弓村民众包括“农业”“蚕丝业”“手工业”“贸易”等在内的多元生计。[①]改革开放以来，民族学人类学对少数民族多元生计的研究更是层出不穷。然而，关于生计多元化的研究，多集中于经济发展水平较为落后的发展中国家和地区。生计研究涉及较多的区域是国内贫困地区、少数民族地区和生态脆弱的地区等。如秦红增等人在大石山区的研究表明：大石山区的人们通过利用各种不同的资源，采取多种生产方式满足

① 费孝通：《江村经济：中国农民的生活》，商务印书馆，2001。

自身的需要。[①] 张海云研究青海县贵德地区农民的生计方式发现，受耕地数量限制和周边其他民族及社会大背景转型的影响，以农耕为主的单一化的生计方式变成了畜牧业、旅游业等多产业相结合的多元化的生计方式。[②]

就簕山古渔村而言，人们生计方式的选择，关系着簕山人的生息和繁衍、繁荣与发展。作为一个滨海村落，簕山人的生计方式一直是以渔业为主。新中国成立前，先前迁来的陈姓在当地占据了比较好的土地，从事一定的农业生产；后面迁来的李姓因为没有充足的土地耕种，便靠出海打鱼、耙螺、捡海菜为生，后来其逐渐发展成为簕山古渔村的第一大姓。新中国成立后，簕山古渔村经历了社会变迁。对簕山古渔村民众来说，有两大标志性事件对他们的生计影响很大：其一，20 世纪 80 年代初，人民公社解体，农业合作社、渔业合作社随之解体，人们由传统的捕捞业开始转向其他行业；其二，2009 年簕山古渔村开始滨海旅游业建设，也正是在这一年，人们的生计方式发生了大规模的变化。以这两个时间节点作为分隔点，可以将古渔村渔民的生计变迁大致划分为三个阶段：20 世纪 80 年代以前以捕捞为主的传统渔业时代；1980—2009 年从近海捕捞转向螺业养殖为主的时代；2009 年以后因旅游开发而逐渐进入“养殖 + 旅游”为主的时代。

表 4–3　渔民生计方式变迁表

时间	渔民主要的生计方式
新中国成立初期—20 世纪 80 年代	近海捕捞、远海捕捞
20 世纪 80 年代—2009 年	近海捕捞、水产养殖
2009 年至今	近海捕捞、螺业养殖、沙虫养殖、客栈经营、饭店经营及其他

① 秦红增、唐剑玲：《瑶族农民的生计转型调查研究——以广西大化县七百弄布努瑶为例》，《广西民族学院学报（哲学社会科学版）》2006 年第 1 期。

② 张海云：《社会转型期贵德汉族生计方式的多元化》，《宁夏师范学院学报》2008 年第 2 期。

一、近海捕鱼业

（一）概况

近海捕鱼业目前在多数簕山村民的生计方式中处于从属地位，只有少部分村民仍以它作为主要的生计方式。以捕捞为主业的渔民，家中都有一到两条船只，渔民们通常是“自捕自销”，大部分捕捞到的海产品售卖给在海上定点收购的商人，余下的带回家中食用，或用以招待客人。捕捞的情况依天气而定，天气好，运气佳，就能满载而归；天气差，运气背，可能寥寥无几。

没有船只的渔民，也会进行小规模的撒网捕鱼。傍晚涨潮时，一个人扛着渔网，背着背篓即刻出发。单人操作的渔网比较简易，一张大渔网，两端各绑一根约 1.5 米的竹竿便可构成。出海前将渔网做好布整，到达海边后，将两根竹竿分别插入泥地里，以一端为起点，另一端为终点。两端的间隔约为 5 米，从一端开始，边走边将渔网提起，观察网中是否有海产品，之后放下渔网，一直重复此动作至终点。待到终点，等候十几分钟，再往回行走，继续上一程的操作，这样一个来回即得到两次渔获。但此类捕鱼方式需要到更深的水域才能达到最佳效果。

当然，类似的作业方式只能满足一日之餐，因此事务繁忙的村民宁愿上街购买海产品，也不愿花费几个小时下海捕鱼。目前村内仍然以近海捕鱼业作为主要的生计方式的渔民已屈指可数，近海渔业对于绝大多数村民来说只是副业。

表 4–4　渔获时期表

渔汛	渔期	捕捞主要渔产品
春汛	2 月—4 月	海蜇、鱿鱼
夏汛	5 月—7 月	虾
秋汛	8 月—10 月	蟹
冬汛	11 月—次年 1 月	鱼类

（二）发展情况

近年来，捕鱼业成为了休闲渔业方式，这是一种集渔业、游钓休闲、旅游观光为一体的新兴产业，起源于20世纪60年代拉丁美洲的加勒比海沿岸，兴盛于20世纪90年代欧美、亚太地区。其是一种以渔业为基础、以水生动植物为主要对象，通过对资源、环境和人力进行一种全新的优化配置和合理利用，将现代渔业与旅游、观光、健身、餐饮及知识普及等有机结合的生产经营方式。而“渔文化”是休闲渔业发展的灵魂。俗话说“一方水土养一方人”，一个地方优秀的传统文化和民俗活动必然对该地起到一定的推力作用。政府充分发掘当地的“渔文化”，打造属于本地特色的“渔元素”。簕山古渔村凭借保存良好的古渔猎、渔具、渔业活动吸引外来的游客，游客们可尽情享受当地的一切有关“渔”的活动，体验渔民的生活。

最常见的休闲渔业活动是渔民们带领游客出海捕鱼。游客们在船上观看渔民们作业，渔民们将捕捞到的海产品提供给游客。如今各家各户都有小船，渔民们通常是以夫妻或父子的形式带游客出海，按时间计费。通常不会很远，大致在距海边五六海里的地方。

XJB是村中首位将近海捕鱼融入休闲娱乐的方式、让游客体验海上作业情景的渔民。在被问及此事时，XJB不无自豪地表示：

> 村子开发旅游之后，吸引了不少游客，但当时前来参观旅游的游客除了耙螺、玩水，就没有其他有意思的活动了。我想，既然是渔村，让游客们体验渔业文化之余，也要参与渔业活动。于是我就提出了带游客出海捕鱼这个想法，并付诸实践。之后，大家也都跟着这么做了。

目前，簕山古渔村的旅游业以休闲渔业为主要发展对象，由于旅游业的发展，当地的螺业、沙虫业也一同被带动起来。

二、养螺产业化

（一）概况

北部湾自然环境优越，沿岸海域水质肥沃，是世界高生物量的海区之一，拥有丰富的水产品资源，是最宜发展水产养殖的基地之一，其独特的优势为广西北部湾水产养殖业的发展奠定了基础。

拥有着众多湿地资源的防城港市是养殖海产品的理想场所，所养殖的海产品有青蟹、文蛤、泥钳、对虾、蚝蛎、石斑鱼、鳗鱼等。企沙、江山、光坡、茂岭等镇为主要产地。其中，企沙镇以簕山古渔村的螺业养殖最为出名。

簕山古渔村的螺业养殖约有近三十年的历史。20 世纪 90 年代，围海养殖刚刚兴起，村里的人发现了围海养殖的致富之路后，把工作重心从渔业转移到了螺业养殖上，纷纷争先恐后地争夺划分螺场，村民们也因此产生了诸多矛盾。即便是有着血缘关系的亲戚，彼此触到涉及利益的问题，难免会产生嫌隙。因为螺场划分问题而产生的矛盾，随着时间的流逝才得以缓和。

1994 年进行围海养殖之初，村民们并不知道什么时候适合放螺苗，什么时候可以收成。在此之前，螺是大海里本来就有的天然生物，村民们从来没有产生过对其进行养殖的想法。村民们毫无经验，照搬一些养螺成功人士的办法照猫画虎。这样做的后果就是投下的螺苗收成寥寥无几，村民一无所获。

2012 年，簕山古渔村沙虫与文蛤围网养殖示范项目正式通过。相关部门派遣了养殖专家和科技人员来给村民们上课，传授养螺经验。笔者在田野调查过程之中发现，多数村民们的受教育水平普遍不高，因此他们很少阅读关于养螺之道的书籍，一致认为养螺是听天由命，全凭大海和天气做主。并且他们认为专家授课是“无用”的，养螺之道全凭自己在摸爬滚打中一步步摸索出来。的确，专家传授的知识只能提供理论基础，实际操作还得靠村民自身。

现今，大部分渔民都有经营螺场，螺业养殖现在已经成为簕山古渔村村民的重要生产方式。簕山古渔村凭借得天独厚的自然地理资源，大力发展螺业经济，促进渔民增收。车螺养殖成为村民的主要经济来源，从事这一生产活动的渔民约占 95%。

（二）螺之习性

簕山古渔村养殖螺类众多，有车螺、白螺、红螺、沙螺、红口螺等。其中以车螺为主要养殖贝类，白螺次之。当地人习惯将贝类称为螺，车螺其实是文蛤在簕山古渔村当地的一种俗称。车螺，学名文蛤，又称花蛤、黄蛤、圆蛤、白利壳等，属于双壳纲帘蛤目帘蛤科的贝类，多分布在沿岸内湾的潮间带及浅海区域的细沙质海滩，是一种分布较广、经济价值较高的海产贝类。车螺的贝壳略呈三角形，腹缘是呈圆形，壳质坚厚，两壳大小相等；其肉质鲜美、香甜，营养丰富，素有“天下第一鲜”之称，深受市场与消费者的喜爱。

上述螺的生活习性相同，都是属于底内埋栖型。螺的栖息深度随水温和个体大小而异。以车螺为例，冬季时 3 厘米左右大的潜居深度为 6 ~ 8 厘米，而 5 厘米大的潜居深度为 12 厘米左右。夏季高水温期，其栖息在不到 1 厘米深的滩涂表层；冬季低水温期，其栖息深度可达 10 ~ 20 厘米。其他小型螺的潜居深度与车螺无太大差别。沙螺是众多螺中较为特殊的一类，它的潜居深度约在 40 厘米。

车螺喜生活在以细砂或粉砂为主的滩涂或浅海域，于含砂率在 50% ~ 90% 的粉砂及细砂底质区域均可良好生长，60% ~ 80% 的含砂率为最佳。适宜其生活的水温为 15 ~ 30℃，适应海水比重在 1.0140 ~ 1.0240。[①]

车螺还具有较强的迁移习性，随着生长发育，由中潮区向低潮区下带移动，俗称“跑流”。迁移发生的季节，主要是在 5 月下旬到 6 月下旬和 9 月中下旬这两个阶段大潮期的涨潮初期和退潮末期，尤以 5—6 月最盛。潮流停止后，迁移即终止。因此，车螺养殖应选择风浪较小、潮流畅通、生物饵料丰富、水质优良、远离污染源、底质为沙质或沙泥质，且含沙率在 60% ~ 80%、海水盐度在

① 陈远、王志松、李大成、王军、薛克、张绍臣、李成军、邵铁凡：《文蛤滩涂围网养殖技术研究》，《河北渔业》2009 年第 3 期。

10‰～30‰，滩面平坦宽广的中、低潮海区建场。[①]

（三）螺苗放养

如果说围网是螺场养殖的重要前提，那么投放螺苗便是螺业养殖的关键环节。簕山古渔村养殖的苗种主要从云南、越南等地采购，一般在春季三四月份投入养殖。采购的螺苗大小不一样，其采购价格也不同，一般而言，螺苗越小价格越高，这是因为小的螺苗所得到的螺个数更多，后续养大的成螺也就更多。螺苗壳长分为1厘米、1.5～2厘米、3～3.5厘米不等；车螺苗种分为每斤100只、每斤200只或每斤300只三种不同规格。在簕山古渔村，当地村民普遍采购每斤100只的苗种。

投放螺苗也有讲究，一亩地投放螺苗的量决定着未来收成的情况。投放的螺苗总量因人而异，有一亩投放500公斤、1000公斤的，也有投放50公斤、300公斤的，主要根据个人的意愿。如若去年的收成好、收益高，今年则会选择投放更多的量，但当地村民并不能准确预测来年的市场情况，仅能确定一般在节假日期间螺的市场价格会有小幅度提升，比如春节期间。由此可见，螺养殖也有一定的投资风险，但总体而言，风险相对较低且收益较快。由于资源空间有限，螺苗投放的疏密程度直接影响螺的生长速度，密度大长得慢，密度小长得快。放苗时，要均匀将苗种播洒在已整理好的围网内。

村民李某向我们介绍他的养螺经验时谈道：

一亩放多少螺苗看个人，一般一亩放一千斤足够了。放得疏它长得快，放得密它长得慢。它靠吃海里的微生物，所以下大雨海水混浊时它长得快；西南风大的时候它也长得快，因为风浪会把海底的微生物翻起来。所以养螺也要看天气，下雨多、西南风多就长得快，东风、东南风

① 张明坚：《文蛤养殖技术》，《中国水产》2013年第12期。

多就长得慢。

（四）螺场修建

螺养殖的主要形式是滩涂围网养殖，簕山古渔村全部采用这一生产形式。围网养殖首先要修建养殖场地，其中最重要的工作便是围网——退潮后将木桩打入沙泥地里，圈围起一块区域，再用拦网连接起一个个木桩，圈起来的区域便是螺场，用于螺养殖。

拦网高度为 65 ~ 100 厘米，在围网过程中将一部分拦网埋入沙中，另一部分用木桩固定撑起，木桩与网的距离约为 1 米，木桩直径 10 ~ 15 厘米，高约 2 米。网与网相隔的距离约为 5 步，沿着网“一外一内”交叉打桩。打桩时左右大幅度摇动木桩，力气垂直向下，等到木桩打入泥地剩 1.5 米左右时，打桩完成。受天气影响及海水腐蚀因素，木桩每年更换一次。拦网的网目也有讲究，一是网

图 4-2　笔者与村民一同打桩（摄影 / 黎胤辰）

目太大不能起到作用，螺会逃逸到网外；二是网目太小会阻隔藻类等饵料进入养殖场，阻碍螺的生长发育，因此网目一般大小以 2 ~ 2.5 厘米为宜。另外，养殖过程中要经常对网具进行清洗，保证围网内外水源对流畅通无阻，以确保有足够的藻类。

围网的目的一方面是为了划分区别自己与他人的养殖场地，同时，避免他人进入养殖场地耙螺挖沙虫，或船只经过此地打伤螺。另一方面是为了防止螺逃逸，因为螺在生长发育过程中，会随着潮流移动，遇上活跃时期会逃逸到其他区域，从而造成损失。因此，严密围建养殖场地是保证养殖过程中螺不流失的关键。围网分为人工围网和机器围网两种方式，在 20 世纪末围海养螺刚兴起之时，前期的围网工作都是人工进行劳作，非常辛苦，幸而现在已经可以用机器替代，围网效率也大为提高。

（五）螺场承包

螺场养殖带来收益的同时也伴随着一定的风险，出现亏本的情况也很正常。养螺有遭瘟疫的风险，每年都可能会发生一两次。惨遭瘟疫的螺会浮出泥地，张开壳，被鱼、虾吃掉。人亦可食用患瘟疫的螺，但口感会不佳。要想实现养螺的最大收益，就要求螺苗的投放有合适的密度。通常一平方米放 150 ~ 200 只，投放得太密集容易死亡，太稀疏收成会少。近几年，簕山的螺业养殖出现了一种新现象——向外承包螺场。一些占据着大面积螺场的村民，将他们的螺场租借给本村人或犀牛角、三娘湾等外地人，租借时间一般是一年。从而能够减轻劳动压力，专心致志做好旅游业服务工作。养螺大户们还将螺场承包给了外省人，村里现在有三个江苏人与养螺大户签了五年的承包合同。其中一个在 2020 年来到簕山古渔村发展的江苏人说：

我以前在东北搞水产养殖，来此是由老乡介绍的。在此之前，我已经从事了将近二十年的螺业养殖，但赚得都不多。初来此地时，我是抱着试一试的态度。北方养殖的螺，比这里的螺都要大，但是这里的螺却卖得更好。

村民 LXT 是防城港仁海水产公司的法定代表人，也是村里的养螺大户，目前养殖的螺场面积有 1000 亩。他是第二批开启螺场承包的人。螺场养殖兴起于 20 世纪 90 年代，当时村民主要的经济来源是挖沙虫和近海捕捞，对新鲜事物的不确定性使村民们不敢轻易实践，因此荒废了很多养螺场地。与 LXT 同一批的养螺人向村民们租借螺场，扩大养殖规模，将养殖螺业做大。当时承包螺场的价格很便宜，定价为一年每亩 100 元，而 2021 年则达到一年每亩四五百元，连带着周边村落的租金价格也抬高了。

为了了解螺场承包的具体情况，笔者对防城港仁海水产公司的法定代表人 LXT 进行了半结构访谈，听取他的有关讲述：

2014 年因老婆怀孕，我从深圳回来。一开始我认为养螺还是很难做大做强的，当时李克强总理提出“大众创业，万众创新”的口号，鼓舞到了我，于是我开始联系身边的朋友一起众筹承包螺场，但是成功率不高。一开始我教村里年纪比较大的人把螺场承包出去，那时候他们也不怎么会用手机，对外面的信息了解甚少，普通话也不会讲。我在外面做生意，有一定的人脉，所以一开始提出螺场承包的时候就有比较多的人支持，第一年开始创办时有两三百亩，第二年就扩大了一百二十亩，螺养了一个半月就上市盈利了。虽然收益小，但是大家尝到了甜头。达到一千亩的时候，大概历经了三年的时间，我也开始与五湖四海的老板们一起合作，投资都是 5 万元起步。养螺最怕的就是遇到瘟疫，瘟疫目前是没有相关技术可以避免的，遇上只能尽量把风险降到最低。

在养殖螺的过程中，主要遇到的问题是瘟疫。除去这个不可避免的客观因素之外，还有人为因素带来的问题。因为养螺属于众筹，参与人员多，没有集权的决策者，决策困难，很难达成统一。对此，LXT说：

> 第一年的时候几乎全亏，我被大家骂。虽然看过别人的成功案例，但是真正自己操作起来却没那么简单。第二年的时候股东不愿意再跟我合作了，我就又重新找了一些人。之前失败的主要原因就是人员决策的问题，之后我吸取了经验教训，花了两三年的时间去调研，看看人家怎么养，记录下螺在浅、中、深水域里生存状况和存活状况的数据。何时放苗、何时收获、何时上市，包括台风预测都要提前研究，以及螺的输送问题都要安排好，目前规避风险的办法就是在风险来临之前把螺全部上市。

由此可见，当风险出现时，没能及时做出明智的决策以规避，最终导致失败。遇上瘟疫，集资参与者各持己见：资金充足者，想早些抛售回本；资金不足者，想晚一点再出售以赚取更多利润……最后一拖再拖导致亏损严重。因此，若想把产业发展壮大，不仅需要投资者们的支持和鼓励，同时，还需要有主见的领导者完整的规避风险模式以及自身的坚定信念。LXT在失败中找出根源所在，吸取经验教训，最终找到了属于自己的致富之路。但对于这种承包制，当地也有不同的声音，而螺场归属的不规范，也是引发各种矛盾的主要原因。

螺场承包制是否能够长远发展至今还未成定数，笔者在访谈中得知，政府有意再次介入其中进行规范整治，但群众意见呈两极分化，占领螺场者极力反对，而占地少者甚至未占地者自然希望政府能够整顿。不可否认的是，此种承包制给当地的村民们带来了巨大的收益，也吸引着外地的商人前来投资，产业蒸蒸日上。但由于螺场用地的规范合法性、产业发展的可持续性等问题，为当地的经济发展带来了一定的隐患。

三、沙虫业兴起

（一）沙虫简介

沙虫是生长在沿海滩涂的穴居爬行动物，学名方格星虫，又称“光裸星虫”，“沙虫”只是人们对它的一种俗称。沙虫浑身上下裸露无毛，还带有方格花纹，粉紫色的长筒状，形态像一根肠子。它们对生长环境十分敏感，稍有污染便不能存活，因此也被称为“环境标志生物”。涨潮时，其会从地下钻出来舒展身子，退潮后就钻进细长的圆形洞穴中藏身。沙虫活动时会在沙滩上留下孔洞，这也成为人类寻找它们的重要标记。沙虫虽其貌不扬，却是一种味道极其鲜美、营养极为丰富的海产品，虽然没有海参、鲍鱼等名气响亮，但是沙虫吃起来的脆嫩口感也是极为惊艳的，而且沙虫的营养价值极高，是一种高蛋白海鲜。

沙虫并非随处可寻，它们喜爱干净的沙土，对水质有极高的要求。每年 2 月底到 5 月初为沙虫盛产的季节。之后便是雨季，这时沙虫开始繁殖，在这段时间挖到的沙虫很瘦小，所以雨季不挖沙虫，待沙虫繁殖一段时间，等到来年再挖。

（二）发展概况

广西沿海挖捕沙虫历史悠久。新中国成立前，由于劳动力所限，挖捕强度不大，年产量较少；新中国成立后，20 世纪 50 年代，由于价格偏低，每斤沙虫干仅一元多，所以挖捕沙虫的人也不多；60 年代后，沙虫的价格大为提高，挖捕沙虫者可获得较高经济效益，挖捕沙虫的人数不断增加，沙虫干品年产量从 100 多吨猛增到 500 余吨；70 年代以后，沙虫的资源锐减，虽然挖捕沙虫的人数逐渐增加，但年产量逐步下降；到 1985 年，沙虫年产量仅有 200 余吨。[①] 沙虫业是簕山古渔村继螺业之后又一重要产业，挖沙虫是当地一种传统的生产方式。在村子未进行旅游开发之前，沙虫的价格不像如今这般昂贵，旅游业带动了当地物价的增长，加之对挖沙虫群体的财力供应，致使沙虫价格一路攀升。

① 梁广耀：《广西沿海方格星虫资源的初步调查》，《广西农业科学》1990 年第 1 期。

沙虫具有丰厚的食用价值和经济价值，沙虫富含蛋白质，味美鲜甜，有“海洋虫草”的美誉，深受大众青睐。不仅当地人喜欢把沙虫用来煮粥、煲汤，各大饭店大排档更是将其作为店铺招牌菜。按照市场收购价，生鲜的沙虫一斤可以卖到 50 ~ 60 元，而沙虫干一斤的价格可以卖到 500 ~ 800 元不等，具体视沙虫的品质而定。沙虫是有分级的，肥厚粗大的沙虫即为上等品，可以卖得较高的价钱。

沙虫是当地天然存在的资源。在未进行围海养螺前，沙虫为人们共同享有，整片近海海域都可以随意挖采。进行围海养螺之后，沙虫地也相应地被划分。2012 年，簕山古渔村沙虫与文蛤围网养殖示范项目正式通过后，才开始有村民对其进行养殖。养殖沙虫不似养螺有风险，因此村民们都很放心投入。

（三）从业者情况

在 2009 年之前，沙虫业并未发展壮大。因为挖沙虫是在滩涂区域使用锄头、铁锹等传统工具进行作业的一种生产活动，极具技巧性，多为妇女从事，村里几乎没有会挖沙虫的男性。退潮后，常能看到妇女们在滩涂上忙碌的身影。

在村子未进行旅游开发之前，许多妇女为了增加家庭经济收入而从事挖沙虫这一生产工作。由于频繁作业，这些妇女拥有丰富的经验技术，掌握一套挖沙虫技巧。而如今生活富裕后，她们已不必亲力亲为靠每日挖沙虫来获得收入，且她们也上了年纪，疲于将精力放于此。现在年轻一些的妇女工作重心也主要在螺养殖和客栈经营等方面，再加上缺乏挖沙虫的经验技巧，鲜少会以挖沙虫作为自己的每日生产劳动。

目前，在簕山古渔村，挖沙虫逐渐成为村民的业余劳动和游客的游玩体验方式，挖沙虫的主体人群已然发生改变，从渔民替换成了专业的工人。经营沙虫业的大户是村里的沙虫批发商，商家会雇佣外地的工人来挖沙虫。除了闲暇时间挖沙虫的村民外，还有专门做沙虫批发生意的村民。挖沙虫既费力，还要求心细。年轻人缺乏挖沙虫的经验技术，所以一般从事沙虫生意的老板雇佣的多为 40 岁以上的妇女。她们的工资按照每天挖到沙虫的重量来计算。

每天潮退后，妇女们便戴着斗笠，扛着锄头和铁锹，挑着竹篮，成群结队去挖沙虫。海边紫外线强，她们顶着强光照射埋头苦干，汗流浃背；中午 12 点左右，返回吃午饭，之后就又立马投入到清洗沙虫的工作中。

（四）沙虫干制法

沙虫不仅可以鲜食，还可以加工成沙虫干。沙虫干由渔民人工处理、烘烤加工制成。沙虫干鲜甜脆嫩，同时富含丰富的营养价值，能够长时间保存。煎炒、熬粥、煲汤、油炸皆可，得到很多人的追捧。沙虫干的制作工序并不复杂，主要分为三步。

第一步，清洗沙虫。将挖到的沙虫清洗干净，一般需要反复清洗两三次，目的是将沙虫表面沾到的沙土洗净，清洗干净的沙虫呈暗红色。此外，还要用一根竹签破开沙虫，将内脏和“沙眼”清洗干净——沙虫的内脏类似于虾线，是黑色的长条物质；沙虫的“沙眼”是含有大量泥沙的颗粒，其大小程度近似牙签头。沙虫产于沿海滩涂泥沙之中，其在吸食微生物和藻类时会摄入较多泥沙，因此在处理干沙虫的时候一定要将其中的泥沙清理干净。

第二步，热水搓洗。用 60 ~ 80 摄氏度的热水搓洗一遍沙虫，使沙虫变白定型，这一步也是为了让烘烤过后的沙虫形态更加美观。若沙虫未经过热水搓洗，在定型烘烤的时候容易卷边，成品观感不佳。

第三步，摆盘烘烤。将用热水洗过的沙虫整齐排列摆放在烤架上。烤架是一个方形的木架，中间编织有网状的小方格。在烘烤过程中，这些网格可以让沙虫均匀受热。烘烤的时间根据沙虫的肥瘦程度来设置，一般是 3 ~ 5 个小时，肥厚的沙虫水分少，需要烘干的时间短，瘦小的沙虫需要的时间则比较长。

经过上面三道工序，沙虫干便制成了。一斤沙虫干往往需要十斤到二十斤的鲜沙虫才能制成，可见沙虫干的珍贵，这也是沙虫干价格昂贵的原因。

（五）沙虫烘干机

烘烤沙虫的机器有多种类型，有全智能化的，也有较为简易的机器，每种机器都有调控温度、定时的装置。全智能化沙虫烘干机属于大型机器，只需要调好温度和时间，将装有沙虫的烤架放进机器里即可完成烘烤。一般需要大量生产的批发商才会购入这类设备，其价格相对较高，长约 3 米、宽 1.6 米、高 1.8 米，与简易款机器相比，性能更稳定，操作更灵活。烘烤后的产品不变色，外形美观鲜亮。

简易沙虫烘干机的功能仅是调控内部的温度，并不能自动加热，其外部接一个槽口及管道，槽口用来烧柴火而加热机器炉内温度，管道主要起排烟的作用，将柴火燃烧产生的烟排出去，避免熏到沙虫而影响沙虫的成色和味道。这类机器体积小、容量不大，适合有少量制沙虫干需求的人家。

第三节　渔民的生存智慧留存

渔民们将村落共同体外部学习到的知识和村落共同体内部沿袭的知识共同交汇糅杂、淬炼提取，日积月累形成了适宜在当地环境发展，便于渔民把握掌控的经验与智慧。

一、“夜观天象”

渔民们会通过判断天气、季节、水温、水流、水位、光照等影响海洋生物行动和生存的因素，来决定捕捞的最佳时机。

不同季节盛产不同的海产品。每年 2—4 月份，渔民们主要捕捞海蜇与鱿鱼。一般都是在晚上出海钓鱿鱼，主要是利用鱿鱼具有趋光性这一特征。光的亮度要控制好，太亮不行，过暗也不行。通常需要 100 瓦左右的钨丝灯，水深一般要超过五米。若想钓得多，船上就得备二三十盏灯，若不为生计，只为饱餐一顿的话，只备一盏灯即可。如遇鱿鱼高产期，渔民们一个晚上最多能钓到上百斤。每年 5 月下旬至 7 月份适合捕虾，8—10 月份之间则是捕蟹的最佳季节。

渔民们自幼便跟随自己的家人出海，学习捕捞知识、掌握捕捞技能、观察鱼类的行动特点、了解鱼群的动向规律。这些本领都是要经过日复一日、年复一年风吹、日晒、雨淋的海上作业才能习得，并熟练运用。

老一辈的渔民们有一套“潮汐口诀”，一代一代相传下来，其精确程度不亚于现代的网络潮汐表，现摘录如下：

正月初七，七月廿一；
二月初五，八月十九；
三月初一，九月十五、廿九；
四月十三，十月廿七；
五月十一，十一月廿五；
六月初九，十二月廿三。

正月初七、七月廿一，都表示一个新的潮水期到来，每个潮水期为 15 天。潮水期的第一天称为“一眼水”，以此类推，到了第十二天就是“十二眼水”；第十三天到第十五天开始不同，第十三天称为“小半眼水”，第十四天为“半眼水”，第十五天刚好是该次潮水的末期及新一次潮水的来临期，此时即称为“一眼水”。“一眼水”到“四眼水”，“十眼水”到“十二眼水”这两个时间段潮水很大，渔民是不出海的。“春水晚发，秋水晨发。”——上半年水流由东向西，此时晚上水势大；下半年水流由西向东，此时早上水势大。

还有一些判断天气的口诀，如：

东闪日头红，西闪雨重重；
南闪长江水，北闪大北风。

东西南北表示方位，“闪”是指闪电，“日头红”指艳阳天，“长江水”指大暴雨。这些都是渔民们通过生产生活实践总结出的经验。

二、“老人与海”

旧时，远航的渔民们在船上待的时间最长可达一个月，绝大多数渔民会选择远海作业。远海作业途中的吃食，要么是刚捕捞上来的新鲜的海产品，要么就是自备的腌制品。几袋盐、几斤海鲜，装在罐子里混合抓匀，既便携又美味。渔民们还会将捕捞到的较为精致漂亮的贝类的壳留下，带回家装点自家门口的小路，或用来制作装饰品。

远航的船上没有精确的导航，只有地图和指南针，渔民们仅依靠这两者便能辨别航行的方向。船上还有测量水位的“水舵”，即用一根绳子紧紧绑住铅球大小的水舵，扔到海里，收绳的时候观察水陀上沾的泥巴或沙子，就能辨别此时的水深。

如若不跟生产队远航，渔民们通常会乘着小帆船，与妻子或兄弟在近海区域作业。小帆船各家各户都有，都是木制的，没有铁皮、也没有塑料泡沫，非常容易渗水。小帆船一旦渗水，就要用竹子、草木灰加工修补。小帆船能行驶的距离大概能够到达钦州、涠洲岛附近。其靠风力发动出行，危险系数较大，若遇风暴天气，极易翻船。海上作业用的渔网都是渔民用麻缝制的，费时费力且容易破损。

如今麻制的渔网已不复存在，取而代之的是以聚乙烯和尼龙作为原料制成的渔网。小帆船也早已消失，现在的小渔船多是用塑料泡沫制成的，当地人称之为“排”。“排”的底部一共分为三层结构：底部是一层约为 40 厘米厚的塑料泡沫板，塑料泡沫板左右两侧紧绑着两根圆柱体的大木桩，与普通的塑料泡沫不同，这种塑料泡沫比较厚实坚韧，不易受损；中部由 9 根方形柱体的木桩和 8 块硬海绵交叉，排列成一块与底部的塑料泡沫板长度相等的“板”，“板”的上方再放两根与底部圆柱体大木桩大小、长度一致的木桩；底部和中部的圆柱体大木桩需用绳子系牢，为了防止两根圆柱体大木桩打滑，中部的方形柱体木桩会稍微超出底部塑料泡沫宽度约 10 厘米，凸出的这 10 厘米的部分就是绳子能够拴牢打结的地方。最后在方形柱体木桩和硬海绵组成的“板”上再盖上新木板，“排”的底部就算是完成了。“排”的制作比较简单，大概一个星期就能制成，使用寿命一般为五六年。排上有个小棚子，只能供一人蹲着或躺下。这样的“排”通常是用于作交接小船或近海看螺的工具。看管螺场的人会驾着塑料泡沫小排在海上过夜。

三、“耙螺之术”

耙螺的工具有两种，一种是缩小版和简易版的“九齿钉耙”，新手不用学就可以使用；另一种则是看似简单，但实际操作至少需要拥有四五年耙螺经验才能驾驭的一根倒立“L”字形铁棒。这种铁棒是专门用来挖沙螺的。

村民们都说耙螺纯粹靠运气，没有什么特别技巧，但这其中暗含着只有当地人才能够看懂的“独家秘诀”。据当地村民讲，潮汐未涨时，天光大亮，泥地里会有两个“眼洞”，一个大、一个小。“大眼洞”与螃蟹的洞口相似，肉眼可见；“小眼洞”则很难发现。两个“眼洞”之间的距离大约为 20 厘米，螺一般就藏于这两个“眼洞”中。若将铁棒插入两个“眼洞”的中部，极易扎到螺的身体，致其破裂；因此需顺着“大眼洞”，将铁棒插入约摸三分之二的深度，不停地上下抽插，不一会螺就会爬出了。至于如何发现“眼洞”，则需要多年的耙螺经验，才能掌握其中的技巧。

四、“挖虫之道”

据村民介绍，挖沙虫最好的时间是退潮后，涨潮和下雨天是不适合挖虫的。潮水涨退的时间一般没有规律，退潮后村民们会去 1 ~ 2 千米外的沙地挖沙虫，沙虫并非整片海域都有，只有簕山古渔村产沙虫，周围其他村庄并不产沙虫。这是因为沙虫对生存环境很敏感，它们喜干净的水域、沙土，而这对水质、水温等都有要求。

挖沙虫首先需要找到“花眼”，即沙虫洞。退潮后可以明显看到沙虫在沙滩上留下的痕迹——“花眼”，即沙虫洞口向外延展的梅花瓣式纹样。一般而言，“花眼”越大说明里面的沙虫越大。人们通过“花眼”可以快速找到沙虫的藏身处。天气好的时候很容易找到“花眼”，若是遇上大风大浪下雨天，洞口的花纹消散便很难找到。找到沙虫洞就可以开始挖沙虫了，需要顺着洞口一直往下挖，一般需要挖一米深才会发现沙虫。挖沙虫所用的工具很简单，一把锄头或铁锹，再带上一个装沙虫的提篮。专业挖沙虫的渔民一般用锄头挖，业余挖沙虫的村民一般用的是铁锹、铲子。挖沙虫极为考验体力和技术，挖的时候脚步要轻，动作要快，否则一有动静，沙虫就会钻得很深溜走了。用锄头挖到出水时，沙虫会减慢速度、停下来，这时马上用手快速地连泥压住整条扯出来，在拔出泥的同时也要稍微放松一下，避免一直用力把它扯断。挖到的沙虫要达一定大小才算合格，过小的沙虫口感不好。

自然资源、社会制度、历史文化等因素皆在渔民的生计变迁之中产生不同程度的影响，决定了渔民生计方式的选择。尤其是资源耗竭与制度变化的现实，催发了渔民们的“生存理性”。也正是此时，随着改革开放的力度不断加大，东部沿海地区需要更多劳动力，从而在全国范围内掀起了“打工热”。簕山古渔村年轻一辈的渔民纷纷外出务工，另辟生路。进入城市，没有了“熟人社会”，没有了邻里关系，他们可以自由地充当每个领域中的“演员”。可随之而来的，是城市化的进程带来的冲击，使得外出闯荡的渔民们产生了“社会理性”的思考。渔民与城市居民不仅仅是在地域、户籍、职业存在差异，在意识行为方面同样也显现区别。城市化进程的加速背后是教育水平的不断提高和经济水平的迅猛发展，对未接受高等教育的渔民而言是一项巨大的挑战和压力。多数渔民在初、高中毕业便进城务工，所从事的基本都是无法有上升空间的低端产业工作。原本想挣脱渔村束缚的他们，此时开始考虑重返故乡。

外出的这一批人，他们或享受过都市社会带来的物质与欲望，或承受过阶层差异带来的压力和艰苦。如今回归故里的他们重新接受这片土地给予他们的归属与保护，体会这个村落的质朴与宁静，继续从事捕鱼业。传统的渔村会自觉承袭生存之道，许多中青年人会主动学习上一代留下来的生存知识和技能，这不仅是对自我职业的认同，同时也是对渔业文化的认同。而这种“认同”也随着渔村的转型在潜移默化地改变。在田野调查过程中，笔者多次问起渔民们是否愿意自己的孩子能够“子承父业”，渔民们的回答基本一致，皆是希望自己的后代能够出人头地，不强求他们必须达到高官厚禄的水平，只愿他们不再从事捕鱼这份艰辛的工作，继续这“一眼就望到头”的生活。但也有部分渔民有不同的声音，这一部分人认为，并不是所有渔村后辈都能够在外闯荡并永久驻扎，基于对故土的思恋以及交错复杂的现实因素，一部分渔村后裔会选择留在渔村，承袭先辈的生存经验，在这片海域上劳作。

第五章

多元共治：渔村的治理实践

村民自治缘起于乡村社会内部，具有社会自发和自我组织的特点。① 华中师范大学的徐勇教授认为："我国的乡村治理结构表现为'乡政村治'型，就是在县以下的行政区域乡一级恢复建立基层政府，实施乡镇政府行政管理；而乡镇以下的村建立村民委员会，实行村民自治。"经过全面的、长期的民主化意识建设工作，我国乡村自治从顶层设计到制度实践都有了翻天覆地的变化。在村民自治的成功实践案例第一次出现在广西河池合寨村后，各地基层治理体系仿照合寨村建立了高度理性化的自治组织——村民委员会，将原本涣散的乡村重新聚集起来，使得村民自治成为基层治理最内生的力量，不再全局依赖乡镇各级政府的直接管理。② 这样的一套乡村治理结构的实践，对我国乡村社会稳定发展起到一定的影响，调适了我国乡村政治的转型需求。随着经济社会的发展带来人口双向流动性的增加，乡村地区人民的思想多元化、目标多级化、诉求多样化以及经济发展和社会转型中的矛盾和问题不断凸显，传统的治理模式已无法满足民族地区社会治理的需求，导致政府和民众彼此之间信任的缺失，甚至是陷入"治理—反复—再治理"的循环怪圈。

乡村治理构成了国家社会治理的重要组成部分，党的十九大报告提出，有效

① 黄辉祥：《"民主下乡"：国家对乡村社会的再整合——村民自治生成的历史与制度背景考察》，《华中师范大学学报（人文社会科学版）》2007 年第 5 期。

② 徐勇：《县政、乡派、村治：乡村治理的结构性转换》，《江苏社会科学》2002 年第 2 期。

的乡村治理是实现乡村振兴的前提与基础。而乡村治理主体多元化作为我国乡村民主政治发展的必然产物，已经成为当前乡村治理的一个重要内容，从长远发展角度分析，多元化主体协同参与乡村治理，各司其职，通过多向互动提高乡村治理效果是乡村自治的理想状态。

近年来，渔村积极探索以基层党组织为核心，以村民自治组织为主体，法治为准绳，以德治为基础的“三治”体系。本章将从渔村治理的视角关注渔村社会的多元共“治”，梳理在渔村治理中的“村三委”、乡村精英、嵌入式组织及乡风民俗在村落公共文化空间的多元共治实践。

第一节 “村三委”的乡村治理实践

一、渔村治理实践概况

在党的十九大乡村振兴议题之下，为建设更加良好的乡风民风、提高乡村治理及建设水平，乡村公共空间治理组织已然成为社科界的热门研究领域。簕山古渔村在多元共治组织建设下具备一定的研究价值，其典型性体现在牛路村“村三委”及簕山新农村建设理事会等组织，通过不断地评估与自我评估以及组织设计与再设计的手段，创新了组织建设与发展形式，并在实际参与脱贫攻坚及乡村振兴战略下的实际工作取得了阶段性的成果。

牛路村是较早一批尝试村支书、主任“一肩挑”模式，另有簕山古渔村历上、历下生产小组改组建设为新农村建设理事会等，从簕山古渔村的村容村貌、经济发展、文化留存等方面，表明其组织价值通过实际工作得以实现。从组织研究角度讲，文化是组织在长期的发展过程中形成的价值观念、行为方式、道德规范等的总和，它能引导、激励、约束组织成员，实现组织的共同目标。基于对组织机构的基本认识，且“文化”是民族学、人类学研究的核心概念，组织文化是反映组织价值与生存结构的缩影，因此本书将以簕山古渔村组织建设为例，描绘簕山古渔村各个组织机构的基本情况，继而尝试对簕山古渔村的多元共治实践所蕴含的文化价值进行解析。

牛路村“村三委”是指党总支部委员会、村民委员会和监督委员会。村党组织带头人与“村三委”成员是“国家—农民”这一关系中的衔接者，也是各个上级决策层对乡村治理之下“最后一公里”的执行者，因此“村三委”所承接之工作极其繁重，且压力极大。牛路村“村三委”经过研究，以工作机制分工与交叉工作等手段，成功在2021年2月8日换届选举后建立了完整的工作体系，有效保障了牛路村的基本事务运行。

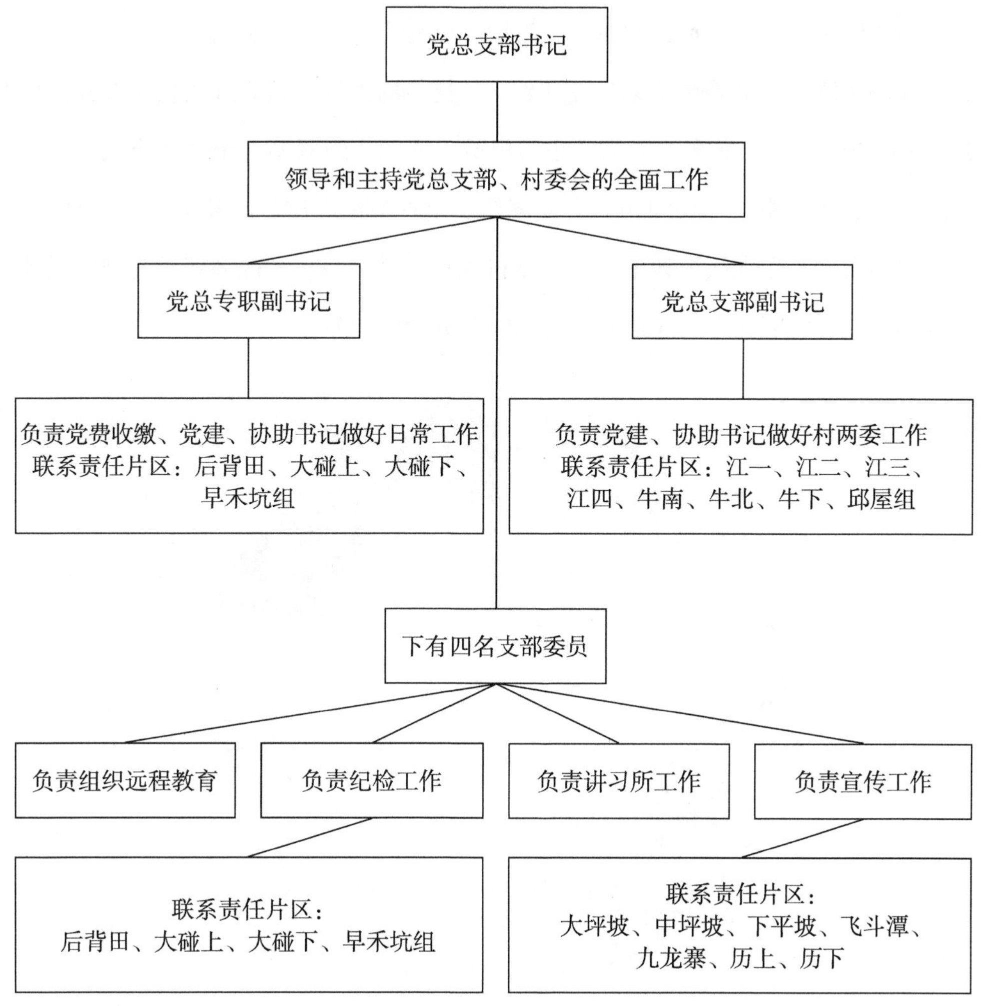

图 5–1　牛路村党总支部支委分工、包片责任区示意图（制图 / 莫国俊）

（一）牛路村“村三委”

1. 中共企沙镇牛路村党总支部委员会

截至 2021 年 2 月 8 日，牛路村党总支部现有中共正式党员 47 名，其中女性党员 11 名，占比为 23%。2021 年 2 月 8 日后，党总支部委员会的任职、分工以及包片责任区情况如图 5-1。

党员年龄分布上，牛路村党总支部以中年党员为主，占比为 60%。其中，中青年（35 岁及以下）党员为 10 名，中年（36 岁至 59 岁）党员为 28 名，老年（60 岁及以上）党员为 9 名，该党支部成员呈现明显的老龄化趋势。牛路村党支部有两个构成小组，分别为“中共企沙镇牛路村支部委员会簕山党小组”和“中共企沙镇牛路村支部委员会东区党小组”。其中簕山党小组管理机构有 8 人，由 1 人任党小组组长，其余 7 人为党小组组员，该党小组联系 7 个生产小组，分别为历上组、历下组、飞斗潭组、九龙潭组、上坪坡组、中坪坡组以及下坪坡组。在过去的农村基层党组织评定中，牛路村党总支部获得了“四星级党支部”的评议成绩，也曾两度获得“先进基层党组织”的荣誉称号。

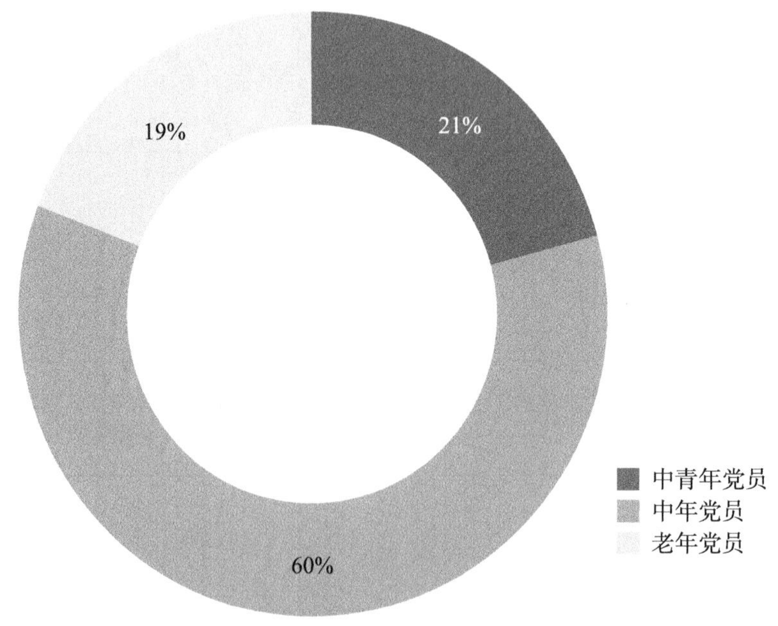

图 5-2　牛路村党支部年龄层分布情况（制图 / 莫国俊）

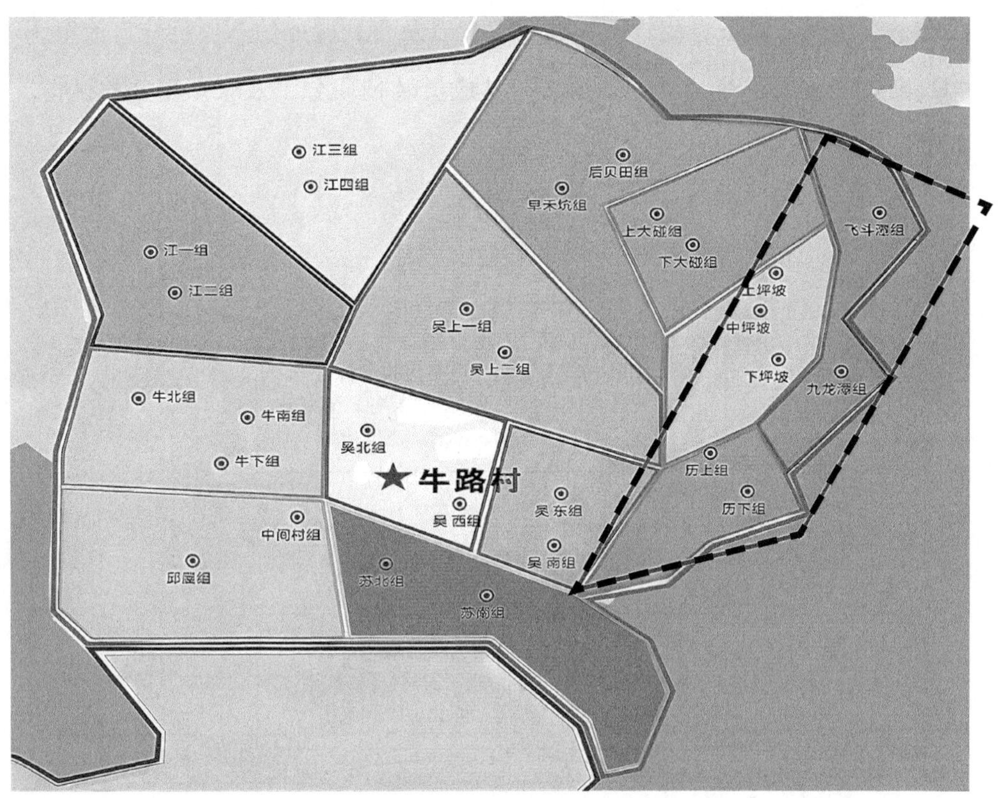

图 5-3　牛路村生产小组分布图，虚线圈起部分为簕山党小组所负责管理片区

（供图 / 牛路村村委会）

2. 牛路村村民委员会

村民委员会是村民自我管理、自我教育、自我服务的基层群众性自治组织，实行民主选举、民主决策、民主管理、民主监督。[①] 村民委员会办理本村的公共事务和公益事业，调解民间纠纷，协助维护社会治安，向人民政府反映村民的意见、要求和提出建议。村民委员会向村民会议、村民代表会议负责并报告工作。

牛路村村民委员会是标准的在乡村治理体系下，由党总支部领导的且由村

① 黄辉祥：《“民主下乡”：国家对乡村社会的再整合——村民自治生成的历史与制度背景考察》，《华中师范大学学报（人文社会科学版）》2007 年第 5 期。

民选举产生的，具备自我管理、自我教育以及自我服务的基层群众自治组织。2021 年 2 月 8 日选举后有成员 5 人，其成员及任职分工及联系责任片区情况如下：

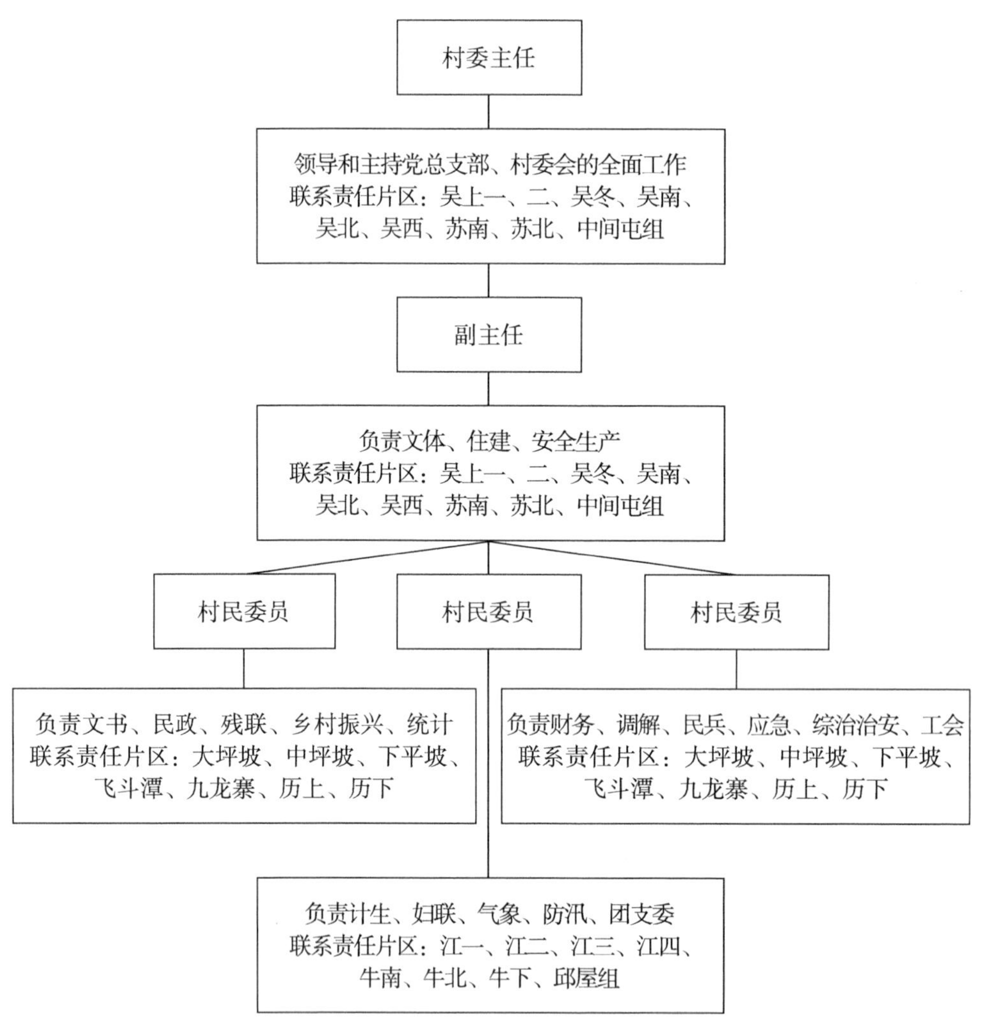

图 5-4　牛路村村民委员会委员分工示意及包片责任片区图（制图 / 莫国俊）

图 5–5　牛路村村委召开党史学习会议（摄影 / 慕丹妮）

3. 牛路村村民村务监督委员会

我国村民自治进程中的一个新起点是村务监督委员会的成立，即 2004 年 6 月 18 日在浙江省武义县后陈村成立的村务监督委员会，这一组织的成立，用以应对不断出现的村干部腐败和各地村民提起的诉讼。在各省份推广试行后，2018 年第十三届全国人民代表大会常务委员会第七次会议修订的《中华人民共和国村民委员会组织法》中第三十二条同时又明确指出："村应当建立村务监督委员会或者其他形式的村务监督机构，负责村民民主理财，监督村务公开等制度的落实，其成员由村民会议或者村民代表会议在村民中推选产生，其中应有具备财会、管理知识的人员。村民委员会成员及其近亲属不得担任村务监督机构成员。村务监督机构成员向村民会议和村民代表会议负责，可以列席村民委员会会议。"自此，村务监督委员会将村庄的组织形式从原先的"双轨自治"转变为"三权分立"，进一步完善了我国的村庄治理实践，推进村民自治制度更为完善。村民监督委员会不同于党总支部委员会以及村民委员会，其具备极强的独立性，且具备更为明晰的工作职能，即监督"村两委"执行党务、村务、财务公开、民主决策、纪检以及干部履职等日常管理职能工作运行，要在乡村治理体系下遏制不良之风、腐败之风，要确保群众对"村两委"工作开展具备知情权、质询权、审核权以及评议权。基于此工作要求，牛路村采用了回避机制，聘请在村民中威望较高的、工作成效优秀的村民代表担任监督委员会成员。新一届选举过后，任职及分工情况见下表。

表 5–1　牛路村村务监督委员会任职及分工情况

职位	工作分工内容
主任	在党总支部的带领下主持村务监督委员会的全面工作
委员	负责村党员、干部履职以及廉洁情况的监督工作
委员	负责对村集体“三资”管理情况的监督工作
委员	负责对村务、党务以及政务公开的监督工作
委员	负责对村民会议或村民代表会议以及授权的其他事务的监督工作

村务监督委员会作为一项实质性的村务监督制度，填补了农村基层民主监督的空白，为村民监督村务提供了平台，保障了村民的知情权和监督权，增强了村民的自治能力和水平。

（二）“一肩挑”模式的运行

村支部委员会为基层党组织，而村民委员会属于村民自治组织，村务监督委员会则是村务监督机构。三者虽在村内日常工作中场景相同，但其组织目标、组织结构均有所不同。

“一肩挑”模式指村（社区）党支部书记兼任村民（街道办）委员会主任，且村党支部书记应当担任村级集体经济组织的负责人。根据政策回溯，“一肩挑”模式从 2017 年以前的政策倡导阶段，到 2018 年初开始进入全面推行阶段。从 2018 年 1 月 2 日《中共中央国务院关于实施乡村振兴战略的意见》中第六节“加强农村基层基础工作，构建乡村治理新体系”中指出：“深化村民自治实践。坚持自治为基，加强农村群众性自治组织建设，健全和创新村党组织领导的充满活力的村民自治机制。推动村党组织书记通过选举担任村委会主任。”正式推进该模式实行，到 2018 年 9 月，中共中央、国务院印发了《乡村振兴战略规划（2018—2022 年）》，“乡村振兴战略规划主要指标”的专栏中设定的“村党组织书记兼任村委会主任的村占比”（俗称的“一肩挑”模式）预期性指标：2016年基期值为30%，2020年的目标值为35%，2022年的目标值为50%。尽管牛路村不属于贫困村的行列，但与广西其他贫困村或非贫困村的“村两委”建设模式稍有不同，牛路村则是较早开启了“一肩挑”模式的“村两委”建设实践，其组织制度变更位于《乡村振兴战略规划（2018—2022）》计划实践的“一肩挑”模式中的前50%之列。当前，实现这一模式的路径主要为以下四种：

首先，通过法定的选举程序，促使村（社区）党支部书记选举成为村民（街道办）委员会主任，这也是当前实现“一肩挑”模式的主要实践路径；第二，通过法定的选举程序，促使符合担任党支部书记任职条件的村民（街道办）委员会主任选举成为村（社区）党支部书记，这一实践路径通常出现在村党支部书记因年龄较大或工作能力下降，且村主任条件适宜担任党支部书记的情况，在下届选举中由村主任一人挑两职；第三，通过上级党组织或政府选派工作人员（有的地方主要派第一书记及其驻村工作队员进行该项工作，到最终考察阶段时才会由更高一级党组织主要干部对候选人进行约谈，以确定其是否能够胜任“一肩挑”模式及其即将面对的工作压力），对村内威望较高、致富带头人等村内能人进行综合调查，在调查其意向后，通过联合培养等方式，将候选人发展为党组织成员、提升政治意识、加强工作能力，最后通过法定选举程序合法选举为村党支部书记与村主任；第四，采用“下派”制，对于部分情况较为特殊的村庄可以通过下派干部的方式实现“一肩挑”，比如在现任主要干部并不适合“一肩挑”的村庄，或者是村内没有合适人选“一肩挑”的村庄，又或者是宗族势力强大的村庄，可以通过下派机关事业单位的优秀干部担任村党组织书记并主持村委工作从而实现“一肩挑”。①

而基层治理体系中时常要面临“村两委”主要干部无人担任或无人能胜任的尴尬情况，所以才会出现村委交叉任职的情况。但近年来牛路村主要实践“能人

① 叶敏、娄芹芹：《村级组织负责人“一肩挑”：实施机制与制度效应》，《地方治理研究》2021年第3期。

治村”模式，“村两委”干部群体的工作能力有了较大的提升，因此也出现了较多的交叉任职情况，牛路村“村两委”交叉任职情况如下表所示：

表 5-2　牛路村“村两委”交叉任职情况一览表

姓名	在村党总支部任职情况	在村民委员会任职情况
SSJ	党总支部书记	村委会主任
WTD	党总支部委员	村委会副主任
LFQ	党总支部委员	村委委员

“村两委”交叉任职的根本目的是为了加强党组织对村民自治的领导，通过党组织的思想建设与工作指引，加强信息交流与协调能力，进一步加强了村民自治水平；其次是能够有效化解村两委在工作方向、目标导向上的分歧，达到在基层工作上统一战线的目的；最后则是有效缓解当前因乡村人员外流导致的村内精英减少，致使村内繁重工作无人“挑担子”的尴尬问题。牛路村通过“微信群”建设的方法，建立了“乡村振兴工作群”，群内则囊括了所有的“村三委”干部。在信息交流与工作协调等方面利用该“微信群”人员完备且通信便利的优势，有效地推进“村两委”的基层工作平稳运行，同时还有助于村监委对村务运行进行线上监督工作。另外牛路村还多次召开“村三委”联席会议，对集体经济发展提案、“三清三拆”等工作进行集体决策，尽量减少了开会人员分散，且决策信息、材料等需要不同层级之间重复递送的情况。这使得沟通的全方位加强和组织成员的技能和参与决策的能力都大大增强，牛路村的工作效率得到极大提高。牛路村采用联席会议的形式，讨论村内事务、让多方代表性主体协作参与案例，使得让县级政府、基层党组织、村民委员会以及其他村庄精英组织有效参与到乡村治理体系中，可以促进农村基层党组织与村民委员会和其他组织的协同发展，推进村内的沟通协商机制更新，逐步实现党员大会和村民大会制度化。

但这样一种采用党政合一的任职模式，被各路学者诟病的最大问题在于基层权力集中化的倾向。在采用“一肩挑”模式后，原先“村两委”中主任、书记相互监督的机制全然消失，但牛路村村务监督委员会为这一机制消失后进行相关实践，并取得了不错的成效。具体实践如下：

一、采用“回避＋老干部返聘监委”的选举产生机制。监委中无任何与“村两委”交叉任职的情况，且监委内无明显宗族势力嵌入至监委运行的情况，因此该村监委的回避机制执行严密。其次是普遍返聘了老一任“村两委”干部。监委主任 GRL 表示，“村两委”在大换血后所代表的利益群体很可能会变更，如贫困户对口帮扶，因此他接受返聘任职邀请的最终目的，是在新的“一肩挑”模式下，继续传达更多村民的利益诉求，充分反映多层面的民生需求。

二、采用更严密的监督手段，确保“村两委”严格执行“四议两公开”工作方法，或是在牛路村集体经济合作社下任合作社监督委员会成员，通过“三资”清算、建立完善的村务账目等，保障村集体经济不受污染，账目完全公开。

三、村监委包片职责明确，每位村监委委员均有专项负责的监督职责，制定村监委工作规章。

这一村务监督实践，保障了村监委需要有人员、牌子、印章、办公场所、会议记录、工作制度的“六有”要求，在当前牛路村实行“一肩挑”与交叉任职实践下，实现集体权利监督、保障基层工作清廉运行的重要组织实践。

（三）村干部治理实践及其分析——以村监委主任为例

“村三委”日常工作任务繁杂，村内事无巨细都需“村三委”管理。此处以村监委主任 GRL 的工作履历与工作感受为例，来大致了解村委的日常事务。

村民之间的纠纷诸多，产生问题最多的是在海滩、山林、土地这三个方面上。GRL 称，谁家门口种的树木的枝干伸到了其他人家的门口、村民间的鸡互相打架等鸡毛蒜皮的小事，都要村委来解决。很多时候，遇到较为突出的矛盾时，村民们愿意听从村委们的劝说，完全是出于给他们“面子”。村民与村委们相对熟悉，建立了一定的人情关系。贺雪峰《新乡土中国》在第二篇“村治格局”中举例说明了通过法律途径解决村内民事纠纷导致的村民欠债、生活困难的例子：“如有一个强有力的村组调解系统，或有一个宗族权威人物，他们若能有效调解这个矛盾，不是可以避免痛上加痛吗？不是可以让大事化小、小事化了吗？”[①] 所以，当遇到问题时，比起“三官一律”，让村委们来解决更为顺利。但是涉及村民的重大利益问题时，如螺场围网，村民们并不会让步。再如一些村民想盖新房子，到别处建立新房，而建立新房的地方正好是林地，上级不批准，建议他们拆除旧房子再建新房。因为旧房子是祖公房，保留着老一辈人的文化，村民们舍不得拆除。村委第一次劝说，村民们还愿意配合；第二次劝说，村民开始有些不耐烦了；第三次劝说，村民直接与村委撕破脸。村委解决不了这个问题，就由上级来解决，上级再解决不了，也只能批准了。

众口难调，部分村民对于村干部的决策总会有不满意之处。自从 GRL 上任，年纪稍大的村民，都很敬重他、爱戴他，因为他们是一直看着 GRL 工作的，他的为人处世，老村民们十分清楚；一些年轻的村民，他们对村干部的了解甚少，不免会产生一些误会，对他不满。GRL 认为，要想做好一个干部，得到群众的配合，最重要的是真正走到群众中去，获得村民们的信任。做村干部的经历，让 GRL 最受益匪浅的就是学会了包容和忍耐。村委需要处理各种细碎而又棘手的问题，偶尔会遇到蛮横、不讲道理的村民，那么就需要村委有足够包容心和耐心。对此，GRL 提到：

> 村民们做得对，就鼓励他们；做得不对，耐心劝导他们。村委是服务性质的工作，对村民们要好好说话，循序渐进。

① 贺雪峰：《新乡土中国》，广西师范大学出版社，2003。

村务监督委员会从乡村治理角度看，该组织应是农村主要的村治主体，具有重要的村级监督公权力与显著地位。村务监督委员会也是协同运作“村三委”运行机制、保证村级权力制衡的一大组织实体，是实现村级独立监督与有效监督的组织运行载体。然而，在实际运作中，牛路村的村务监督委员会边缘化问题严重，表现为没有权限、没有能力监督到村级监督事务的每一个环节和项目实施过程。村务重要会议召开并没有专门通知到具体的村务监督各组织成员，大部分组织成员对村级事务知之甚少甚至是无从了解，因而难以实现对村级项目工程可能出现的问题的有效监督，也同步导致村务监督委员会实施监督出现协调问题。

另一方面，村务监督委员会本就资源有限，在村务监督中监督内容也仅仅停留在形式上的村务决策和村务公开情况，监督执行力也仅仅表现在签字同意的表层化现象。村党组织服务中心工作并不会真正做到全部村务信息公开，而是有所“挑拣”，并不会让村务监督委员会或其他监督组织成员知情并实施监督。因此，村级事务的治理与监督并不在同一水平线上，也没有保持统一步伐，而是村治主体有所选择、有所排斥地进行村级事务公开，并没有将村务监督委员会作为村治主体核心组织或者说重要治理主体来看待。此外，村务监督委员会成员并不属于村常职干部，因此也不享有村常职干部待遇。在村常职干部看来该职务是非正规职务，职权也随之表现像是“顺带”的事，忽略了村务监督委员会专职监督的专业化水平与专职化要求。总之，村务监督委员会作为村级自治组织，无论从组织实效的发挥、工作分配还是职务地位都并没有受到村民以及村级其他组织以及成员的重视，对村民自治工作并不会产生显著效果，这是需要在乡村治理的顶层设计层面重新思考的问题。

二、村委下设的其他职能组织

（一）“四会”工作领导小组

为进一步开展农村精神文明建设，提高村民文明素质与农村文明水平，牛路村成立了“四会”及其领导小组。分别为：红白理事会、道德评议会、村民议事会以及禁毒会，其领导小组共有 11 人，由党支部书记任组长，成员则主要由“村两委”成员兼任，但在未更新的领导小组名单中，其成员也有生产小组组长和老党员。“四会”虽已成立许久，但基本没有工作是以“四会”领导小组为单位展开的，其职能与工作已经全部分散至“村两委”处。

（二）综合治安管理队——护村队

综合治安管理队由企沙边境区派出所牵头成立，治安队在簕山古渔村海堤岸靠近九龙寨入口处设有一处综合治理点，共有执勤人员 10 人，由分管治安的村委委员任负责人，对口派出所民警担任当班人员，成员均为党员，有三人为“村三委”中的任职人员。治安队原先自愿创立，后纳入到村委管理体制内。治安队主要的职能为海域边防管理以及村内治安管理。另外，治安队有完善的执勤任务安排和规章制度，包括如何设置卡点、工作规范等。治安队每人每星期执勤 5 次，其中 3 次日班，2 次晚班。此外，九龙寨执勤点背后正在新建一处统辖簕山古渔村景区与九龙寨景区（规划）的综合游客中心，治安队在这期间暂时承担综合游客服务中心的职能，直到服务中心建成。治安队在综合游客中心建成后，能将执勤点及其综合治安管理队并入新的综合游客中心，综合游客中心将兼任牛路村综合治安管理队的相关职能。

（三）防城港市港口区企沙镇牛路村股份经济合作社

近年来，我国的乡村治理实践在经历家庭联产承包制和乡镇集体企业股份合作制改造后，为了确保集体资产保值增值，防止集体资产流失，保护集体经济组织成员的合法权益，一些集体经济组织将集体资产按照制定的标准以股份的形式分配给集体经济组织成员，将集体经济组织转变为农村社区股份制企业。[①] 乡村的集体经济组织改造为股份经济合作社。

牛路村股份经济合作社前身于2017年11月16日成立，以《广西壮族自治区港口区企沙镇牛路村村民合作社章程》（下简称《章程》）为工作章程，2020年9月23日改制成为股份制经济合作社。合作社下设合作社管理委员会（下简称"社管会"）与合作社监督委员会（下简称"社监会"）。社管会成员经由民主选举出，共7名，社管会由村支书任社长，村主任任副社长（牛路村村支书、村主任"一肩挑"模式下，由一人担任），另有支部副书记、支委委员、副主任及三名村委委员，均为社管会成员。社管会主要以经济效益发展为工作重心，以促进集体经济资产保值、增值为目的。《章程》中指出，社管会成员可以采取多种联合经营模式如股份合作、租赁、拍卖、兼并等，依据以上方式起草经济发展规划、生产经营计划等，产生的提案由社员大会或社员代表大会审议是否通过，依法开展集体资产的经营活动。社监会则主要由村监委人员任职，与村监委一样采用了回避机制，即社管会成员、财务人员及其直系亲属不得参加社监会；社监会共设3人，监事长、副监事长及社监会成员各一名。

但社管会定夺村集体经济发展项目，与制定规划、预算等相关提案稍有不同，根据2020年5月28日社管会、社监会联席会议记录，当前牛路村最主要的方式则是召开社管会、社监会联席会议，通过"一人一票"制进行项目决议表决，超过半数赞成则为通过，后交由社管会或经由"村两委"对项目开展实际工作。

2020年牛路村集体经济共计收入59746.17元，接近完成2020年度集体经济收入达6万元的要求。当前牛路村村集体经济收入主要由入股分红以及租金两大部分组成，其中入股分红收益为21102.27元，占比35.3%，[②] 具体收入情况

① 孔有利、刘华周：《农村社区股份经济合作社产权分析——以江苏省村级集体经济组织股份合作化为例》，《中国农学通报》2010年第23期。

② 数据来源：牛路村村民委员会提供。

如下表：

表 5–3　2020 年牛路村集体经济收入项目一览表

项目名称	内容	金额（元）
油麻车山塘出租	2020 年度租金	4000.00
红石潭融水塘出租	2020 年度租金	10000.00
蠔泊坑虾塘出租	2020 年度租金	8000.00
北港铺面出租	2020 年度 1—9 月租金	16643.90
港口区捷骏汽车修理有限公司项目	入股利润收益分红	7473.08
港口区捷骏汽车修理有限公司分红	入股利润收益分红	8629.19
扶贫特色产业（养殖水牛）项目	入股利润收益（2019.5—2020.5）	5000.00

牛路村股份经济合作社成立后，乡村精英特别是产业带头致富人才被选举为合作社的主要管理人员，同时，“能人治村”的顶层设计关于乡村自治的重要理念也逐步被乡村多元治理主体所接受，簕山古渔村所涵盖的优秀滨海开发资源及整村的社会资源利用与整合效率得到提高，推动了牛路村的全面进步。

三、村落多元主体的共治实践

国外关于乡村精英与乡村治理结合的探索较早，开发了一些比较有代表性的模式，有学者则综合了各国农村发展的经验。例如日本于 20 世纪 70 年代开始进行“造村运动”，整体遵循自下而上的发展模式，即农民是农村发展的动力，积极参与农村的建设，贡献自己的力量；政府主要为农村发展提供政策和资金支持，协助农民开展各种活动，并注重研究农村世界本身的效益和特点。[①] 在加拿大，政府在农村发展中发挥着关键作用，采用自上而下的发展模式，政府各相关部门之间建立了有效的沟通和合作机制，以便对农村发展问题做出快速反应并加以解决。在经济发展水平较好的农村地区，政府鼓励农民发展乡镇企业，鼓励农民自主创业；在经济发展水平较低的农村地区，政府投入资金帮助农民成功完成

① 陈磊、曲文俏：《解读日本的造村运动》，《当代亚太》2006 年第 6 期。

基本农业生产，为农民创造更多的就业机会，改善农民的收入来源，农村发展措施得到村民的认可。[①] 在德国，农村发展也采用自上而下的模式，政府通过土地立法和积极动员不同主体参与农村管理，改善了农村发展的环境。同时，国外在农村治理工作中重视农民的主体地位与农村文化的建设，强调政府在农村治理活动中要与农民以及农村自治组织进行积极互动，其他国家的农村发展既遵循自下而上的模式，也遵循自上而下的模式，既强调农民的主导地位，也强调政府的重要作用，通过不同主体的共同参与，形成多元化的农村治理模式。

基于这样的发达国家的乡村治理经验，我国社会治理也提出了新的议题——多元主体协同参与乡村治理。村民自治是构成国家社会治理的重要组成部分，也是国家治理的基石，因此，党的十九大报告提出有效的乡村治理是实现乡村振兴的前提与基础。我国的乡村治理首先是乡镇政府对于农村社会的管理，其次乡村治理也需要社会组织以及村民等利益相关者共同参与乡村的发展建设过程，因此乡村自治具有多重主体性。乡村治理主体多元化作为我国乡村民主政治发展的必然产物，已经成为当前乡村治理的一个重要内容，这一多元治理主体下的重要成员即是乡村精英，乡村精英指在某些方面拥有比普通村民更多的优势资源，能对村级治理产生一定影响的村民。在多元治理主体中除“村三委”外，从乡村精英基于对故土的乡土性与自身的先进性来看，其同样发挥着无法替代的作用。

按照乡村精英权威来源的不同，可将乡村精英划分为两类：村庄体制内精英与村庄体制外精英。村庄体制内精英即村干部，也可以称为村庄政治精英，指的是拥有体制赋予的正式权威，在村庄政治权力领域占据重要位置，对村级治理产生重要影响的村民，主要指村党支部和村民委员会成员，不包括乡镇干部和村民代表。村庄体制外精英是指虽不拥有体制赋予的正式权威，但基于自身的经济实力或者人格魅力等获得了非正式权威，在群众中同样享有一定威望，能够对村级治理产生一定影响的村民。村庄体制外精英又可以分为村庄经济精

① 沈费伟、刘祖云：《发达国家乡村治理的典型模式与经验借鉴》，《农业经济问题》2016 年第 9 期。

英与村庄社会精英：村庄经济精英指的是在村庄经济生活领域取得一定成果、经济实力明显高于一般村民，并对村庄生活产生影响的精英人物，包括私营企业主、养殖种植大户等致富能手；村庄社会精英则是指在村庄社会生活领域内享有较高知名度、具有一定威望的精英人物，比如农村教师、人际交往能人、宗族精英、技术能手等。

农村发展的进程中，多重方面改变着村民的思维方式和行动方式。一方面，村民更多地倾向于从“经济人”或者是自身利益的角度去考虑权利和责任，更多情况下尽量回避自己对村集体的责任与义务，如此，会导致公共精神衰退，集体意识淡薄，公共事务难以开展。另一方面，从实践的角度看，村委会在开展公共事务时，村民主动参与意识弱，参与度低。在被动参与过程中，受到思想观念和行动的影响，欠缺良性互动，形成基层治理成效不足，在形成共建、共享、共治的治理局面上表现还不充分。

簕山古渔村里有大批优秀的乡村精英，他们参与到乡村矛盾、乡村舆论的治理和乡村建设当中。同时，他们身兼数职，其中许多人并不仅仅只是某一种特定的精英，而是集多个精英类型于一身。这类新型的兼具多重角色，从多个利益角度思量簕山古渔村的发展。

（一）“多元精英”

村民 XRZ 就是乡村中典型的集政治精英、社会精英与经济精英多个精英类型于一体的“多元精英。”

> 1996 年，XRZ 高中毕业当上了村里的团支部书记。年轻气盛的他，刚上任就立马组织村里的青年举办了一次圆满又成功的晚会，村民们载歌载舞，场面热闹非凡。1997 年，他任村干部一职。受到一些文蛤养殖带头人的影响，2011 年 1 月 30 日，他成立了簕山文蛤沙虫混养专业合作社，合作社的成员一共有 6 人。

合作社刚成立时，XRZ 投入了 5 万元资金，后来收益 25 万。村民们见后纷纷效仿。文蛤一定要在 3—4 月投苗，9 月份收成。但当时村民们都没经验，于是便跟着 XRZ，看他什么时候投苗，村民们就什么时候投；XRZ 什么时候收苗，村民们也就跟着什么时候收。随着养殖规模的不断扩大，XRZ 申请了自治区级项目，而后成功得到奖项。2009 年，村子进行旅游开发之后，大排档随之经营起来，XRZ 也开了一家。建立饭店时村里还未修路，早期唯一一条疏通的路在 XRZ 大排档的反方向。其实 XRZ 是故意建立在路通行的最远处，因为他想让靠近路一边的饭店先发展。万万没想到后来新规划的路，让他的大排档成为了沿路的第一家。经营之初，他还不会做任何有关店面的修饰，平地支起几个四脚大帐篷，就算完成了。其他人见了都笑话他："你这哪里有个饭店的样子？！"他听了之后开始反思，后来建出了一个雅致的饭店。

目前 XRZ 在社保局工作，这份工作他已经做了十几年了。虽然工资不高，但相对安稳。并且这份工作是为村民们效力的，他十分愿意做。用他自己的话来说，他的目标和宗旨就是为人民服务。

在 XRZ 的带领下，合作社里的成员们纷纷走上了养殖致富之路。像 XRZ 这类的多元精英，往往有着较为深厚的资本积累和胜友如云的人脉关系，他们热衷于乡村地区的公共事务，并致力于改善村民的生活状况，在村民之中享有较高的威望。案例也显示，XRZ 时所采用的这套"经营"策略——通过海滨旅游业的发展与临海养殖业的打造，让村民们看到转变村庄发展模式的前景，并在带动村民们搞滨海旅游农家乐的过程中，也让村民们尝到"合作社 +"策略所带来的甜头，从而激发村民的自主性，鼓励并扶持村民共同参与簕山古渔村的经营之中，在外部资源如市级旅游村落建设项目落户簕山后，又将该村建造成为一个利益相互关联的共同体。

（二）“单一精英”

“单一精英”是指只在某一方面拥有特长和资源的精英。如村民 LYJ 是乡村里的“文化精英”。之所以称 LYJ 为“文化精英”，是因为他是村子里的小学教师，文化水平相对较高，对村子里的历史有诸多了解。簕山古渔村背后的历史与文化底蕴，离不开 LYJ 的撰写与传播。这类的文化精英对传统文化有着很深的理解，他们是传统文化的实践者、参与者和传递者。他们使得村民能够在文化的传承中找到精神寄托，通过在乡村地区确立新的价值观而起到对乡村生活的凝聚作用。

LYJ 在听闻本书调研组对他的访谈意向时，便整理了许多关于簕山历史、风俗的材料。LYJ 虽年事已高，但在访谈过程中，陈年旧史于他而言记忆犹新，依旧能与我们侃侃而谈。其对簕山的历史视若珍宝，即便已到耄耋之年仍笔耕不辍，保持着对知识的向往、对文化的延续。簕山古渔村作为文化底蕴深厚的村落，其名声的传播离不开 LYJ 先生的知识倾注。这类文化精英对传统文化有着很深的理解，他们是传统文化的实践者、参与者与传递者，其使村民在文化的传承中找到精神寄托，通过在乡村地区树立新的价值观而起到对乡村生活的凝聚作用。

这种具有某种单一界别身份、在特定方面较强专业性知识的精英，往往显得独树一帜，在社会影响力上，LYJ 无疑是不可忽视的存在。而这类单一精英由于专业性较强，往往也会因为前人的离去面临后继无人的危机。

无论是“多元精英”还是“单一精英”，他们对乡村社会的贡献都是同等重要的。作为乡村精英，他们通过自己的努力和奋斗取得了超出普通村民的社会地位和经济地位。他们的成功来之不易，因此他们对于自己自身的发展，乃至整个乡村社会的发展都有着强烈的愿望。他们经验丰富、思想先进、视野开阔，因为有了他们的存在，乡村社会的和谐稳定得以促进，许多纠纷矛盾通过他们的调解得以顺利处理，乡村社会的建设与发展找到了强而有力的接班人。[①]

普通村民寄予乡村精英一定程度的厚望，对乡村精英抱以期待。当他们对乡村精英满怀期待，而对方却没有能够达到村民们预期所想的，或事与愿违时，村民们便会不再将对方作为崇敬的对象和榜样。由此可见，乡村精英若想要在村子中立足，并且能够长期得到村民们的认可和支持，首要条件是真心实意为村民们着想，如此一来，即便精英们最后作出的成绩不尽如人意，也不至于落到被众人无视的境地。

村庄治理主体的多元化，使每个村民都能找到一种明显可行的方式参与村庄治理。同时，它可以促进"村三委"、村庄精英及其组织、村民以及上级执政与行政人员之间的良性互动。在面对纠纷等问题时，簕山古渔村的村民们首先会想到通过村里的渠道来解决。不仅是在该村，在中国传统的乡村治理体制下，基于血缘和地缘双重影响，一般性的村级治理事务讲求"村事村办"的"乡土性"，但由某个村级组织主导的自治实践活动也需要通过村民的密切参与来进行，从而提高村级事务运行的效率。乡村精英能否有效考虑簕山古渔村的致富实践，从村民的角度出发，是否综合考量了多方主体的利益，这类互动的、参与乡村自治实践的主体各自能否有良性的互动，是在簕山这一空间下进行乡村治理的重要前提条件。又以费孝通先生对20世纪30年代开弦弓村的社会经济与人文状况调查为例，他认为开弦弓村是地理环境、历史人文环境等各种因素而自然促成的村落。[②]"江村"内，乡邻之间知根知底，任何日常事务下都会相互帮助。因此，簕山古渔村的乡村精英在这个共同的文化场域下，交织着共同的血缘与地缘因素，使得他们追寻相同的经济利益，大家都关心着这个村落的发展和参与这个村落的活动。这些新乡村治理方式依靠村委会、村民小组、农民合作社等为主体的现代治理资源，同时注意整体性治理的宏观整合逻辑，从而寻找适合自身社会文化基

① 郑炀和：《论乡村精英与乡风文明建设——从权威与秩序的视角》，《宁波大学学报（人文科学版）》2009年第3期。

② 费孝通：《江村经济：中国农民的生活》，商务印书馆，2002。

础的乡村治理资源结构。

第二节 嵌入式组织对乡村自治、共治实践的影响

一、新农村建设理事会

（一）基本情况

簕山新农村建设理事会由簕山古渔村历上、历下生产小组改组而成，于2009年改组成立，成立之初共有17名成员，直至2012年才具备完整的章程与组织规范，现下辖旅游开发总公司。

现如今，簕山新农村建设理事会以牛路村历上组及历下组为单位设立理事会，理事会设理事长1名，副理事长3名，理事3名。理事会每届任期三年，理事会成员可连选连任。簕山新农村建设理事会由中共企沙镇牛路村支部委员会簕山党小组管理。

若想成为理事会成员，必不可少的条件和要求是：坚持党的领导、有牢固正确的政治意识和一定文化知识水平及较强的工作能力。户口不在本村的村民，若想成为理事会成员，需在本村居住一年以上，提出申请并经户代表会议通过之后，方可参选。参选方式都是民主选举，匿名投票。村里每年不定期召开会议，一年之中会召开十几次至二十几次不等。通常重大事项由理事会进行审议、审定和决策，遇到特别重大的事情则会组织召开代表大会，并由户代表大会决定，获得70%及以上的票数可通过决定。

我国的基层治理体系呈现的结构特征是政府治理与民众自治二元并存，基层民主自治不断地在进行制度、形式与工作模式上的创新，并逐渐完善，多地开展的基层治理实践则有力地将原先分散的基层资源，通过各种不同的民主自治制度集中起来。国内最早开展新农村建设理事会这一制度是2004年在江西省赣州市，2006年后推行至江西全省；而广西壮族自治区关于村民自治理事会的建设记载极少，材料显示贺州市曾于2007年在八步区莲塘镇白花村、贺街镇五协村进行

过新农村建设理事会的试点。以一般的地方建设模式推广至全国的时间规律来看，簕山古渔村的新农村建设理事会应当是广西较早一批开展相关经验模式实践的试点。簕山新农村建设理事会是在2009年6月自防城港市政府决定进行海滨休闲旅游开发后的这一特殊“窗口期”下，由簕山古渔村的历上、历下生产小组改组创立而成，据理事会第一任理事长LXX描述：“过去簕山古渔村的经济发展主要靠近海养殖与远海捕捞，而大部分年轻人在2009年以前靠着广东发展建设的热潮，选择进城务工以养家糊口，许多年轻人是看到家乡旅游经济发展的前景后才回来建民宿、做饭店的。”因此，簕山古渔村先行建立了这一以“业缘+地缘+血缘”三位一体的村民自治组织。

在前期具体的旅游开发建设过程中，防城港市主要负责村内基础设施与容貌建设、旅游开发规划等需要投入大量财力的旅游建设项目，而簕山新农村建设理事会的主要干部则先行在政府的安排下，开展旅游民宿建设试点工作，但实际上的主要工作还是帮助政府协调土地，做通群众关于在自己家乡开展旅游发展建设的思想工作，次要工作还有与相关部门协商部分旅游项目的建设。这样一种先期建设的分工体现了我国政府基层自治的一大特点，即“村事村办”——自治性。但对于政府而言，新农村建设理事会作为一种新型的乡村自治治理社会组织，从簕山新农村建设理事会的建立目的来说，首要是为了填补防城港市推进旅游建设相关工作时针对基层治理的空缺，即体现了“村事村办”的基层工作原则，是主要协助旅游开发工作的。理事会的主要干部尽数为村内致富能人、李姓与夏姓村民，这样一种典型的“业缘+地缘+血缘”三位一体的乡村组织形式，使得理事会在面对村民土地利益纠纷以及开发相关的思想工作时，能做相关部门想要开展却不方便开展的工作。其次，对于簕山古渔村村民而言，理事会这样一种体制外的力量能够将村民的相关诉求集中起来，作为村民与政府沟通的桥梁，将村民的诉求与政府协商。

（二）理事会与村民之“争”

由于村民作为乡村治理体系的重要价值核心，而外界进入必然会导致在当前乡村多样化发展的今天，乡村关系还在朝着更进一步的利益格局多元化的发展。做旅游建设一定会动村民个体的“蛋糕”，特别是在基层利益交错复杂的情况下，如何协调村民利益与政府项目建设工作之间的冲突成为早期理事会的重要工作目标。

对于理事会的人选和管理方式，村民们也有怨言。村民 A 表示：

自从换届之后，理事会能够成功解决的事情只有饭店的收租问题，其他问题散会之后也就不了了之。每次开会都是以吵架开始，再以吵架结束，我们提出的意见他们从不采纳，都是按照自己内部成员的意见来。在最新一届的换届选举大会中，我曾提出异议，村里面有才干、有能力的新人那么多，为什么选择的都是担任过理事会成员职位的人？后来才知道，村民推选那些有钱的人上去，是因为遇到突发情况急需用钱的时候，有钱人可以垫钱，所以那些有能力但是没钱的人就很难被选上。

对于选举大会上为何选择已经担任过理事的人而非新人，村民们分别持两种相反的观点：持选举新人的村民们认为，新人的加入可以“推陈出新”，把一些老成员们替换掉，整顿理事会内部关系；另一部分的村民们则认为，比起新人，老骨干们更加有经验，让他们继续任职村民们会比较放心。最终的选举结果自然是持第二种观点的村民们胜出，而持第一种观点的村民们并没有气馁，他们决定继续努力争取改革和推动村庄的进步。在接下来的一段时间里，他们开始积极参与村里的各项事务，寻找并培养有潜力的中青年骨干，以便在下一次选举中有更多的选择。

近三年的理事会会议记录显示，理事会平日处理的事务多是土地纠纷问题和商铺收租问题。类似于家事、私事，如夫妻间的矛盾，理事会表示他们是不便介入管理的；同样的，村民们也不会请求理事会来管理，而是直接拨打村公所的电话，若村公所无法解决，就会重新将问题抛回给理事会。只有在接到上级返来的命令时，理事会才会出面解决。

面对村民们的诸多抱怨，理事会成员们也倍感无奈，成员 LXA 表示：

我们挂着理事会的名头，看似风光，实则都是做一些吃力不讨好的事。像店铺收租问题，经营店铺的村民们都不愿意缴费，其他村民也想经营又没办法，只能在年终的时候从分红里扣，这样做村民们又产生了意见。土地本来是公家的，那些村民认为自己占了地就是自己的地盘，所以就不想交收租费，而且大家都是兄弟姐妹的亲戚关系，唉，难啊！许多人都对我们感到心灰意冷了，说我们“不作为”，那是因为我们没有执法权，很多时候我们并没过多的权利和能力去解决想解决的事情。我们理事会比任何人都希望能把这个村子管理、建设得更好，村民们不理解我们，我们也实在是没有办法。

我们开会的时候并不是全村所有人都会来，没有一次是人能够来齐的。非常重要的会议需要全员到齐的时候，我们甚至得通过给钱，才能把他们请来。开会的时候我们也只讨论一些重点内容，讲太多的话没人愿意听，大家也不怎么提意见，基本都是在争吵。近两年来，我们能够采取并实施的就是关于铺面收取费用应对措施的意见。群众都表示一定要交钱，那些不缴费的就不给他们分红。现在我们没有解决的一个大问题，就是靠近海边的三家客栈没有土地，用的都是集体的土地，我们想让他们交一些土地补偿费，算进村集体经济，但是他们不肯。只要有一家不交，剩下的其他客栈也效仿不交。越基层的工作越难做，因为大家都是亲戚，有人情和血缘，我们很为难啊！

在接受商业化的旅游开发之后，村民们更加注重和着眼于眼前利益。生活在同一个村庄的村民们对彼此之间的收入即便不是知根知底，也有大致了解。每个人都不愿落后于人，为自己的生活奔波忙碌，争取利益最大化。当个人利益与集体利益发生矛盾时，村民们通常不愿退让，选择维护个人利益。而理事会似乎一直秉承着“本自同根生，相煎何太急”这一原则，顾及人情关系，在许多问题的处理上采取“怀柔政策”，结果却适得其反。然而若采取强硬措施，上报政府，就会伤及人情。理事会成员是既没有工作上的资金补偿，又经常遭到质疑和误解。长此以往，理事会的部分成员们难免也会产生消极懈怠情绪。村民对理事会人选的不满、村民们不配合工作、理事会成员内部的管理等，种种因素的堆积，导致如今形成了村民们误解理事会、理事会在管理上愈发难以进行的局面。

习近平总书记在党的十九大报告中强调要“加强农村基层基础工作，健全自治、法治、德治相结合的乡村治理体系”。中共中央办公厅和国务院办公厅印发的《关于加强和改进乡村治理的指导意见》明确提出，要“以自治增活力、以法治强保障、以德治扬正气，健全党组织领导的自治、法治、德治相结合的乡村治理体系，构建共建共治共享的社会治理格局”，进一步为实现乡村治理指明了方向。因此，各级政府在推动乡村有效治理的过程中，坚持自治、法治、德治相结合的治理机制，不断推动治理实践优化，实现治理能力提升、治理体系的完善。古渔村的自治实践，显示出当前在这一秀丽的桂南滨海渔村中，所作的迈进自治能力和理念“三治”善治融合的努力，也是该村治理体系最终迈向现代化实践的必经之路。自治中出现问题是必然的，应自上而下合力去解决。

二、驻村工作队

（一）基本情况

牛路村于 2015 年 10 月 21 日召开精准识别贫困户的动员会议，借此正式拉开了牛路村精准扶贫工作的序幕。彼时港口区下派了 HZH 为驻村第一书记，LSX 为驻村工作队队员，与“村两委”一同开展贫困户精准识别工作，并于

2015年11月22日、12月4日分别开展两次精准识别入户评分评议，根据入户调查评估评议得分，最终于2015年12月30日，确定了21户贫困户，共计83人，其中簕山历上组2户。

2016年3月22日，牛路村不再适用第一书记制度，转而迎来新一批驻村工作队。工作队中，防城港市选派市城投园林工程有限公司（2020年12月30日更名为“防城港市城乡规划设计院”）经理SJ作为牛路村驻村工作队队长，兼任企沙镇工作队分队长，企沙镇选派PYC任工作队队员，任期至2018年。2016年统计新增贫困户18户，共计39户163人，同年完成了3户危房改造计划，通过“一事一议”完成3.02千米的村屯道路建设，并通过人社局、扶贫办以及计生办等相关部门成功推荐7人就业，其中3人参加了职业技能培训。产业扶贫方面，积极发动贫困户养鸡、养牛以及海水养殖，将全村人均收入提升至5600元；2017年港口区地税局监察室选派主任HWQ到牛路村进行驻村工作，驻村队伍扩大至3人；2018年驻村工作队变为2人，原工作队队长SJ返回原单位，由HWQ接任队长；2019年，港口区企沙镇农业服务中心选派DWD到牛路村进行驻村工作；2020年，港口区企沙镇水利站选派HXG到牛路村任驻村工作队队长，港口区税务局选派科员LYZ任驻村工作队队员，PYC则转为包村干部。

现如今，脱贫攻坚已经结束，目前正处于巩固拓展脱贫攻坚成果同乡村振兴有效衔接阶段。2021年4月，牛路村驻村工作队正式撤离，所有队员调回原单位，但原驻村队队员PYC则作为包村干部继续推进相关工作。

（二）“嵌入式”治理

卡尔·波兰尼曾在1957年出版的《大转型》中首次提出了“嵌入性”的概念，以“经济的社会嵌入”这一观点，表达社会嵌入机制与行为经由社会关系影响经济的过程。[①] 虽然本书的主要内容是围绕经济的，且“经济的社会嵌入”这

① 卡尔·波兰尼：《大转型：我们时代的政治与经济起源》，冯刚、刘阳译，浙江人民出版社，2007。

一观点更多地只是讨论了经济是如何单方面地嵌入到社会机制与行为问题，但在深刻剖析人类社会从农业转向工业社会的过程时，我们会发现该著作讨论和对人类社会转型探究下的解构，实际上不止局限于经济。该书问世的二十八年后，美国社会学家马克·格兰诺维特（Mark Granovetter）则对嵌入的概念作了具体系统的解释，其认为人类为避免过度与低度社会化造成的孤立问题，行动者不应像独立原子一样运行在社会脉络之外，而应镶嵌在真实的、正在运作的社会关系系统之中。[①]

2015年精准扶贫工作开展后，国家基层治理进入新阶段，基于在乡村实现治理体系与能力现代化的需求，乡村地区需要将国家大政策转变为具体工作，那么“嵌入式”治理成为了我国实际内化该工作重要理论方法，这种方法在我看来已经成为我党在政治、经济与文化发展工作中嵌入组织运行并发展的重要手段。驻村工作队作为国家多年基层治理经验的模式推广，很好地通过“嵌入式”治理模式，派至某一行政村开展工作。牛路村驻村工作队曾采用第一书记制度，政策调整后转为驻村工作队模式，而后驻村工作队采用“区＋镇”选派的方式，下派优秀干部前往牛路村驻村。就组织方面而言，驻村工作队作为国家权力的“接点”，把权力资源、组织资源和政治力量嵌入到乡村，提高乡村场域外来社会资本尤其是国家政策赋予的各种资源在乡村的配置效率，赢得了村民对国家行政力量的信任。[②]作为党与政府下派进行“嵌入式”治理的重要手段，驻村工作队一般具备较强的工作能力与较高的政策解读与把握水平，能够为“村两委”的工作注入新的活力，加强基层组织建设。进入乡村地区后，驻村工作队队员及其对口帮扶单位能够为本村带来大量的外部资源与发展机遇，这是一般的“村两委”所不具备的，对口帮扶后盾单位将其资源的影响力通过队员本身辐射至乡村地区，

① 马克·格兰诺维特:《镶嵌：社会网与经济行动》，罗家德译，社会科学文献出版社，2015。

② 耿磊磊:《驻村工作队嵌入乡村治理的本土实践——基于皖南L乡的实地调研》,《行政与法》2021年第7期。

将其影响力嵌入至基层党组织建设、经济建设、文化建设等多个方面，推动乡村地区的综合发展。

表 5–4　牛路村历任驻村工作队信息一览表

<table>
<tr><th>驻村年限</th><th>姓名</th><th>驻村职务</th><th>选派单位</th><th>备注</th></tr>
<tr><td rowspan="2">2015—2016.3</td><td>黄宗华</td><td>驻村第一书记</td><td>防城港市旅发委</td><td>驻村年限不详。</td></tr>
<tr><td>赖胜鑫</td><td>驻村工作队队员</td><td>企沙镇党委</td><td></td></tr>
<tr><td rowspan="2">2016—2018</td><td>孙健</td><td>驻村工作队队长
企沙镇工作队分队长</td><td>防城港市规划设计院</td><td>2016 年 3 月后，驻村第一书记制度不再适用于牛路村，选派干部转为驻村工作。</td></tr>
<tr><td>庞远程</td><td>驻村工作队队员</td><td>企沙镇行政审批局</td><td></td></tr>
<tr><td>2017—2019</td><td>黄伟强</td><td>驻村工作队队员
驻村工作队队长</td><td>港口区地税局</td><td>2018 年孙健调回原单位后，任驻村工作队队长。</td></tr>
<tr><td>2019—2021.4</td><td>邓达伟</td><td>驻村工作队队员</td><td>企沙镇农业服务中心</td><td></td></tr>
<tr><td rowspan="2">2020—2021.4</td><td>黄晓光</td><td>驻村工作队队长</td><td>港口区农业农村局</td><td></td></tr>
<tr><td>刘宇钊</td><td>驻村工作队队员</td><td>港口区税务局</td><td></td></tr>
<tr><td>2021.4 至今</td><td>庞远程</td><td>包村干部</td><td>企沙镇行政审批局</td><td>由驻村工作队队员转为包村干部。</td></tr>
</table>

以 2015 年驻村第一书记 HZH 及其后盾单位市旅发委以及 2016 至 2018 年驻村工作队长 SJ 及其后盾单位市规划设计院为例，两位驻村干部均在各自的“村情调研报告”与“驻村工作总结”中，提到驻村工作开始后，都采用了融媒体宣传、旅游区资源规划设计、簕山古渔村海滨旅游品牌打造这三种主要方式继续推进簕山古渔村的旅游建设项目，计划将其打造为新的产业经济增长点。从结果来看，一是簕山古渔村受市政各部门财政帮扶力度大，在市级对口旅游建设项目下建设了簕山古渔村海滨旅游示范区；二是村容村貌建设水平较高，驻村工作队通过村情调研，靠先期规划设计，依照实际情况对垃圾清理、海捕产业及其生态建设的实际工作作出指导，因其人居环境建设工作较为优异，2016 年的驻村工作总结中还提到受镇一级领导的表扬，因而簕山古渔村在 2016 年就已建设成为“县级休闲渔业示范区”；三是与村两委共同推进簕山新农村建设理事会及其下

辖的旅游开发公司、旅游开发工业委员会进行规范建设与改制工作，整治利益分红、场地管理、卫生清洁问题，通过经济利益绑定以及加强理事会职能等工作，有效提升了村民在旅游开发与建设过程中所获得的幸福感与归属感，驻村工作队还在工作报告中提出，未来将以理事会为中轴，计划在未来将簕山古渔村打造升级为国家四星级乡村旅游（农家乐）景区。

在2018年牛路村驻村工作规划（2018—2020）中还提到，牛路村要在2020年实现簕山古渔村乡村生态旅游建设与规范，提升簕山古渔村的旅游格局。此外，驻村工作队依据防城港市委组织部下文要求，牵头建立“微信群”，将“村三委”干部、骨干党员、各生产小组（理事会）代表、致富带头人以及村民代表等纳入“微信群”，这样的乡村社会网络新空间使得村内各组织及时接收村内政务、公务信息，还进行提案决策，同时在群内发布各类公示信息，进一步缩小了“市—县—乡村基层治理组织—乡村”个体的信息差，帮助村民进一步提高对各项事务的熟悉度，破解认知局限。

村庄是一个相对封闭的场域，在村庄内部有其固有的关系网络与内部规则。对于外来的驻村干部而言，无论作为个体行动者有多么的特殊与优秀，但只要其想在村庄中进行实践行动，就必须与村庄社会产生一定的联系，不能逃避村庄的内部结构、文化认知和关系网络的嵌入而独自行动。同时，作为一个被乡镇领导指派而来的“空降”领导，驻村工作队在村民的眼中，也首先被定义为上面利益的“代理人”，而不是村庄利益的“守门人”，这样的认识困境也是出自于村民对基本扶贫政策的认知不清晰。实际上，发挥驻村工作的能动性来缓和弥补乡村自治下官僚制结构性不足，这在政策出发点上是十分合理的。然而，在基层复杂的实践过程中，实际的文本表达往往与基层实践相背离，扶贫领域中出现的问题逐渐凸显开来。例如当驻村干部与村支书或主任在同一个场域中相遇时，两者会发生一些交集，其合作会提升扶贫绩效，而两者间的权力争夺则在一定程度上阻碍治贫绩效。但牛路村驻村工作队通过提升自身队伍组织水平建设，将个人工作理念、后盾单位资源与创新型工作方法带到本村，也就是前文所提到的“嵌入式”治理模式，以实现从为牛路村“输血”到“造血”，以期为群众带来实际收益。牛路村的具体实践可以表现为如下图：

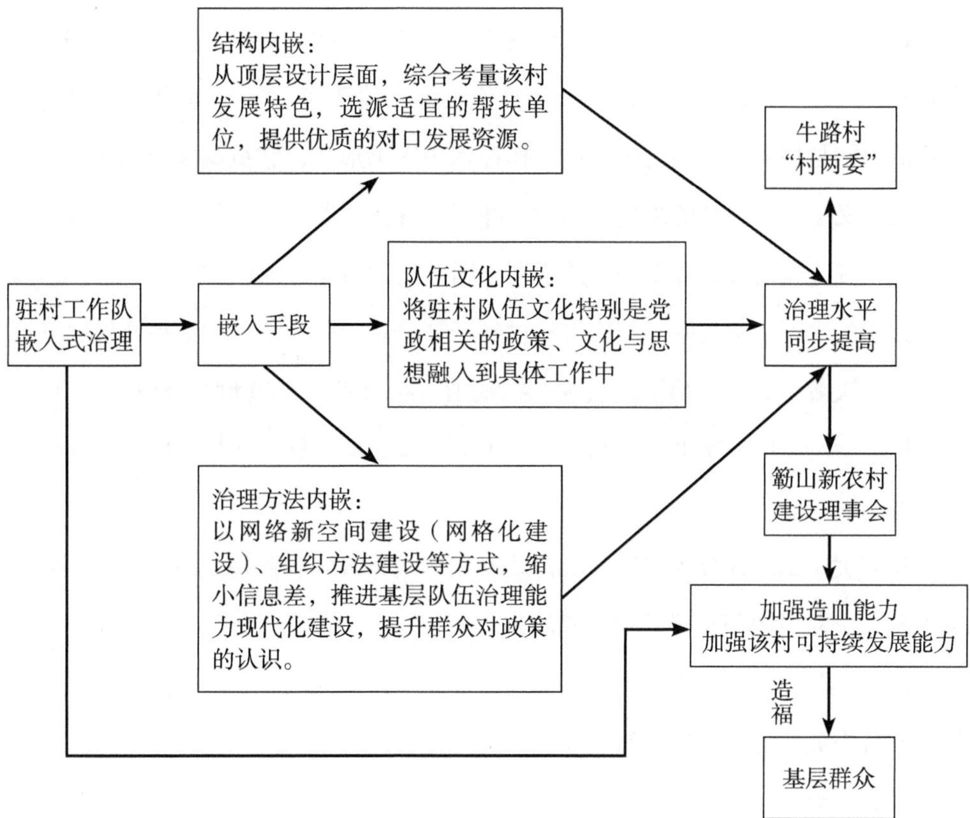

图 5–6　牛路村驻村工作队治理实践路径示意图（制图 / 莫国俊）

牛路村驻村工作队在长达六年、历经三代工作队共 8 人驻村的“嵌入式”治理模式实践中，与牛路村“村两委”成功将 53 户贫困户悉数脱贫，并实现了村集体经济大幅增收，同时推进村内基层党组织、村民自治组织治理能力现代化，为该村留下宝贵财富。

第三节 乡风民俗与乡村公共文化空间管理

一、习惯法

长久以来，关于习惯法的定义众说纷纭，基于不同立场对习惯法的认知也不尽相同。其中，梁治平先生的定义较具代表性。他认为："习惯法乃是一套地方性规范，它是在乡民长期的生活和劳作过程中逐渐形成；它被用来分配乡民之间的权利、义务，调整和解决他们的利益冲突，并且主要在一套关系网络中被予以实施。就其性质而言，习惯法乃是不同于国家法的另一种知识传统。"[①] 习惯法渗透在人们的生产生活当中，簕山古渔村螺场划分及与螺业相关的活动及村民征地问题的解决等，就是习惯法的表现。在我国传统村落中，20 世纪 80 年代，许多人不识字，看不懂文字书写的制度，但不会违反制度，靠的便是制度规约人们行为的机制。

早期关于螺场划分的纠纷一事，政府在多次介入之后皆是无济于事，后便不再干预，由村民内部自行管理。螺场划分属于"历史遗留问题"，因此如今的部分村民们提及此事虽有异议，但也都逐渐接受了这个无法改变的事实。而现如今村民们最为关注的，则是类似"偷螺"这样的事件。

村民 LXS 说：

> 许多外来游客不了解我们这里的情况，并且以为海里的螺是随便拿的，所以经常会有不住在我们客栈的游客来挖我们场地的螺，如果只是挖个一两斤，我们就当是"礼物"送给他们；如果挖得太多，我们会让他们只拿一小部分带走。游客是我们这个村落经济来源的重要角色，如果没有他们，我们就没有收入，没有知名度。所以即便游客错挖了我们的螺，我们也不会过分苛责，而是和和气气地跟他们解释，再送予对方

① 梁治平：《清代习惯法：社会与国家》，中国政法大学出版社，1996。

一些。但是对于那些故意挖取大量螺的人，我们就不会客气，必须得把他们赶走。

再如村民间的征地问题，某村民向我们讲述了他们家与邻居家因土地而引发的矛盾：

我家的田在这里，他家的田在那里，中间有一个田埂，那这个田埂不可能说只归一家，肯定要公平分配才行。原本我们两家一开始商讨的结果是拉一根线作为分界线，大家互不越界，互不侵犯。结果后来他家反悔，还想要更多地。我们都是邻里关系，以后子子孙孙都是要一起相处的，所以我们同意各退一步，但是他家里人硬是闹，直到村委的人来干预，才暂时解决了。

由此可见，尽管司法在乡村社会早已普及，但当人们遇到纠纷时，首先想到的不是“打官司”，而是依靠习惯法，双方相互说理协商，共同作出一致的决定，或是“找熟人”在当中主持公道，解决问题。许多具体纠纷的化解，需要对村庄情况有全面了解以及充分运用潜藏在社会结构之内的习惯法，才能解决。相对“硬治理”的法律，“软治理”的习惯法更适用于“生于斯、长于斯、死于斯”的乡土社会。贺雪峰《新乡土中国》第二篇“村治格局”中举例说明了通过法律途径解决村内民事纠纷导致的村民欠债、生活困难的例子：“如有一个强有力的村组调解系统，或有一个宗族权威人物，他们若能有效调解这个矛盾，不是可以避免痛上加痛吗？不是可以让大事化小、小事化了吗？”[①] 这同时也是我们亲身观察后的切实感悟，农民的经济基础支撑不了昂贵的司法花销。而有学者认为，村干部是最“廉价”的司法系统，自上而下的司法系统对农民来说太贵，而纯民间

① 贺雪峰：《新乡土中国》，广西师范大学出版社，2003。

的传统调解系统在当代社会逐渐解体，农民可以依靠的就只有村干部了。

村民们在遇到类似于螺场问题的经济纠纷时，通常不习惯于通过司法途径解决问题，且许多矛盾纠纷运用诉讼程序解决不但成本高，而且不一定能够从根源上解决老百姓们的问题。因此人们多数愿意采用“论理”和“说情”的方式弄清是非曲直。习惯法中这种民间自发的调节机制，是乡村社会中不可或缺的治理模式。根据村民们的提议和理事会成员的共同商讨，理事会们制定出了一套村规民约，相当于习惯法的规范制度。这是健全村干部调解系统的重要原因，也是解决乡村治理“法律下乡”“法治思维下乡”困难的途径。

二、村规民约对固有习惯法的传承

村规民约，是指在特定的村庄范围内，根据传统文化习惯，由乡村社会特定的组织和群体共同讨论、商议而订立的，为该区域内人们自觉遵守的，具有广泛影响力和约束力的，村民自我教育、自我管理、自我服务的行为规范的总和。

为改善簕山生活环境和旅游环境，提高村民生活质量，提高旅游景区的知名度，建设一个美丽、整洁、文明、富有的古渔村，该村于 2021 年制定村规民约，摘录如下：

一、全村卫生实行包干区管理，划分为若干区块，每个区块确定一名或两名清洁工负责，做到每天一扫。由理事会监管人员监督巡查。

二、村民生活垃圾及废弃物实行集中处理的办法，各家各户必须将生活垃圾和废弃物投入垃圾桶或垃圾车内，由专人负责清运。

三、各村民门前屋后要做到“三包”：包清扫、保洁、包不乱扔乱倒生活垃圾、包不乱倒生活污水。

四、各村民应认真打扫房前屋后，做到每天一小扫，每周一大扫。

五、各村民必须自觉维护景点财物，看到（有破坏）一定举报、制止。

六、各饭店一律不能倒垃圾在海堤边，各自找个位置暂放。要保持店面整洁。

七、各铺面要做到整洁，只能在规定范围内摆买，不能在铺面前后左右洗菜洗碗和乱堆乱放杂物。

八、倡导人人关心公共卫生，共同努力营造良好的生活环境，整洁的村容村貌，美丽古渔村家家参与，清洁古渔村人人有责，全体村民应自我约束、互相监督，共同创建美丽家园。

九、严禁各村民建房乱霸乱占集体土地，不能乱砍伐树木。已经占用的每年要交一些补偿给村集体。

十、各民宿要做到整洁，产生的垃圾要倒到垃圾桶、垃圾车、垃圾箱内，每年要交一些清洁费给村集体。

十一、做得好的嘉奖，不遵守规定的要处罚。奖罚事宜另定。

为了更好地适应社会发展和乡村治理需求，簕山古渔村在传承习惯法的过程中，努力兼顾国家法律规定与地方传统，确保村规民约的内容既体现滨海乡村旅游开发的特色，又符合现代法治原则。在保持乡村传统精神的同时，积极引入现代理念和技术，以实现村规民约的现代化转型。毫无疑问，在传承村规民约和固有习惯法时，簕山古渔村并非全盘接受、照搬照抄或是保持不变。相反地，其村规民约在充分考虑现代农村特点及国家法治建设基础上，进行了认真的分析和审慎的甄别。在这个过程中，簕山古渔村着力于有选择地吸纳、确认和传承习惯法，坚定地追求创造性转化和创新性发展。村规民约制定好以后，村民们就必须得遵守规约行事。

村规民约是习惯法的继承和延续，但又增添了一些法律的色彩，相当于农村的“小宪法”。在现代乡村治理中，基于法律授权而制定的村规民约，其意义不仅是用来填补法律空白，更为重要的作用是通过村规民约的“软约束力”，使全体村民通过村规民约这一“公约”形式，直接参与到村容村貌、乡风民俗、社会秩序、文明道德建设等乡村治理中。村规民约是一种融乡土性与现代性于一体的整合机制——“乡土生活(始终)是富于地方性的”①。维护村落的日常生活秩序仍然是制定村规民约的主要目的，但社会生活的历史延续性决定了传统村规民约中与当地生产、生活相应的内容和原则在今天依然具有现实影响。此外，村规民约作为村民自治制度化、规范化的表现形式，必然受国家现行法律、法规精神的引导。因此，村规民约一方面以或公开或隐蔽的方式承接和接受了传统习惯法带有浓厚乡土色彩的内容；另一方面，为了适应变化了的村落生活的实际需要，又必须进行新的乡土化改造。它在村民自治中占有重要地位，反映了村民们为推进农村基层民主自治的决心，体现了农村治理方式的村民自治转向。村规民约并非外界强力施予，而是村民们根据村庄生活的实际、按照自身的意志、获得了村民们的相互认可与同意后订立的，对村庄所有村民都具有约束力。村民是发自内心的去遵守和服从，这充分体现了村民意愿和民主精神。②

中共中央办公厅、国务院办公厅于2017年1月25日印发的《关于实施中华优秀传统文化传承发展工程的意见》提出：“把优秀传统文化思想理念体现在社会规范中，与制定市民公约、乡规民约、学生守则、行业规章、团体章程相结合。”③以十分富于乡土性的簕山古渔村村规民约来看，把包含固有习惯法内容的村规民约更好更多地融入村民生产生活各方面，如此，习惯法与村规民约在当代社会的融合才能有助于提升乡村治理的全面性、系统性和普适性。在这一过程中，乡土社会可以借鉴现代法治理念，充分挖掘和利用传统乡村文化中的智慧，创新和完善乡村治理体系。通过将习惯法与村规民约相结合，乡村治理能够更好地应对现实中的挑战，实现可持续发展。在未来的乡村治理实践中，应充分认识到习惯法与村规民约的重要作用，鼓励乡村社会在维护传统文化、保障民主权

① 费孝通：《乡土中国生育制度》，北京大学出版社，1998。
② 宋才发：《习惯法在乡村治理中的法治功能探讨》，《广西民族研究》2020年第2期。
③ 中共中央办公厅、国务院办公厅：《关于实施中华优秀传统文化传承发展工程的意见》，《人民日报》2017年1月26日第6版。

益、提升治理效能等方面发挥积极作用，为构建和谐、有序、富强的新乡土中国贡献力量。

第四节　古渔村的现代化自治途径——走向多元共治

现代化的生活讲求秩序，秩序则需要从社会控制的角度实现，在满足人类多层次需求的同时，要通过社会控制达到规范与制度化，因此，社会控制集团——组织，就成为了社会秩序发展与运行的建设中心。因而各个学科也开始对组织、组织结构及其文化现象进行大量研究。著名人类学家庄孔韶提出，现代人类学从文化研究社会组织，文化由认知、概念及一整套将之秩序化的原则组成，是社会中的人们赖以通过认知、决策、行动将社会加以类别化以实现社会秩序的标准和规则。[①] 而现代组织达到秩序化的手段主要体现在成文或不成文的各类组织规章制度上，也就是庄孔韶先生所提出的“秩序化原则”，从最大的社会控制运行集团——国家的法律法规及其相关职能部门的运行职责，到以经济效益为导向的企业和公司的企业文化、工作规范与制度，再到当前保障基层运行的居委会、“村三委”所订立的村规民约等，均是组织以要求实现秩序化，满足共同利益或需求的，带有文化表征的“秩序化原则”。

由于村民作为乡村治理体系的重要价值核心，而外界进入必然会导致在乡村多样化发展的今天，乡村关系朝着更进一步的利益格局多元化发展。旅游开发建设一定会动村民个体的“蛋糕”，特别是在基层利益交错复杂的情况下，如何协调村民利益与政府项目建设工作之间的冲突成为早期理事会的重要工作目标。

在城乡统筹发展和一体化发展中，国家不断地补齐乡村公共设施短板，强化乡村公共事业弱项，乡村发展不再严重附属于城市，拥有了自我成长能力。新发展阶段乡村具有与城市同等重要的战略地位，肩负着推进乡村振兴和城乡融合发

① 庄孔韶、方静文：《从组织文化到作为文化的组织——一支人类学研究团队的学理线索》，《浙江大学学报（人文社会科学版）》2012 年第 5 期。

展双重任务。[①] 此外，随着乡村改革的推进，乡村管理和组织日益多元化，传统组织发生了重要的变革，如农村集体经济组织公司化演变等。村庄治理主体的多元化，使每个村民都能找到一种明显可行的方式参与村庄治理，控制村庄治理的做法。同时，它可以促进村党组织、村委会、乡村精英个体及组织和村民以及政府之间的良性互动。村民在遇到问题时，首先会想到通过村里的渠道来解决，村里的活动也可以通过群众的密切参与来进行，从而提高村级管理的效率。这些新乡村治理方式依靠村委会、村民小组、农民合作社等为主体的现代治理资源，同时注意整体性治理的宏观整合逻辑，从而寻找适合自身社会文化基础的乡村治理资源结构。这种乡村治理的资源整合机制给予人们新启发，即乡村治理研究应该走出传统的寻找各种乡村治理权威的研究路径，发掘各种乡村治理的资源结构及其背后的运行逻辑。

① 吴业苗:《“民生为先”：乡村治理的基本遵循——兼论乡村振兴中的实践问题》,《社会科学战线》2022 年第 6 期。

结　语

传统的乡村文化空间是以乡土为生存基础，群体通过聚居形成的共同的行为习惯、交往规则和信仰体系空间。随着时代变迁，乡村文化空间所蕴含的历史记忆、社会结构、政治关系、经济权益、宗教信仰、风俗习惯、语言文字、社会交往、心理态度等诸多复杂因素随之进行了调试。本书从簕山古渔村乡村新文化空间重塑的过程切入，立足于当前乡村文化传承发展需求，剖析村落中传统精神之魂、社会关系、景观变迁、生计转向、多元共治、数字共享等构建的乡村新文化空间的重塑创新现状。探索当前我国乡村新文化空间建设面临的四个方面的转型：如何以构建乡村文化自信为基础赓续乡村精神之魂；如何在城镇化的过程中跨越城乡的边界推动传统与现代文化的共享共融；如何将数字技术嵌入现代乡村文化生活满足村民对多元文化的需求；如何实现中国式现代化下的文化聚民。

一、文化自信中赓续乡村精神之魂

习近平总书记指出：文化是一个国家、一个民族的灵魂，文化兴国运兴，文化强则民族强。百年乡村建设中，学界和政界对于乡村社会的认识伴随着对乡村文化全盘否定，从文化盲从到文化不适，再到文化利用和保护中实现文化自觉，从而实现文化自信，推动社会主义文化强国建设。那么，我们到底需要何种文化自信？何种文化能够提供更基础、更广泛、更深厚的自信，凝聚民族精神，实现民族复兴？从此点出发，延绵几千年的中华优秀乡村文化可被视为中华民族最基本的文化基因和最独特的精神标志。中国传统文化根植于农耕文明，我国乡民与自然万物相生相息、和谐共存，在农业生产实践之中汇聚出精神成果，锻造了我国乡村独特的乡土人伦，其又经历代思想、文化巨擘们的提炼和阐释，衍生出灿烂悠久、丰富多彩的中华文明。早期随着西方文化进入、城镇化带来的城市文明侵蚀致使当代乡村文化之价值被忽视，乡村很长一段时间都被认为是“落后文化”之地被摒弃，人民陷入缺乏文化自信的焦虑。中华优秀传统文化的根脉在乡村，而乡村文化之精髓深深地植根于中国广袤的土地与亿万乡民的观念之中。若要焕发乡村文化在新时代中国特色社会主义建设道路之中的新活力，赋能农业农村现代化，就要重拾对乡村文化的自信，实现乡村文化振兴，使中国式现代化的成果惠及广大乡民。

如何重拾乡村文化自信？以簕山古渔村这个传统渔村为例，在留存传统滨海文化，推动传统渔业文化的传承保护、创新交融中也经历了文化不适到文化自信的过程。早期簕山古渔村村民在改革开放浪潮中摒弃传统的渔耕生产方式，纷纷上岸寻求生存机会，年轻人外出打工，仅有老弱病残留在村中坚守传统耕作方式。随着新农村建设、全面小康、乡村振兴战略等政策的出台，加之村里“文化精英”的推动，簕山古渔村村容村貌得以大幅度改善，村民的生计方式更为多元，乡村传统耕作文化、民俗信仰重新得以重视。村民将当地特有的耕海养殖、出海捕鱼、农业种植等传统的滨海农业生产系统与祖先崇拜、妈祖崇拜等乡村文化、新技术带来的多元文化相结合，不仅打造了滨海生态宜居的乡村环境，提升了海产品的附加值，且发展了海边观光与体验的特色休闲旅游，以“产”增效，又以李氏宗族文化之下的人伦道德认识营造文明乡风，成效显著。

因此，构建新文化空间，重聚乡村文化精神之魂，应唤醒文化自觉，引导乡村社会重新认识乡村文化价值，自觉重建对传统文化之“根”的追寻，重振乡村文化之“心”，传承优秀的传统文化精神和价值，梳理、挖掘、整理传统文化资源，实现传统文化的继承与创造性、多元化转化和创新性发展。乡村社会在文化自觉中逐步把握发展规律，进而在政府指引和村民积极参与下有序合理开发，通过乡村产业与乡村文化协同发展，赋予乡村新发展内涵、新时代价值、多元融合样板，激活乡村活力，推动乡村文化自信。

二、交融共享中跨越城乡文化边界

开放与接纳、求同与存异，不求同化、不被异化，共交往而共化，是簕山古渔村人的一种海洋文化生存方式。乡村文化具有自洽性与完整性，有自身独特的规则与习惯，并以一种同质的整体性形象呈现自己的特征和个性。与此同时，乡村文化又是内源性与互动性的整合，它既是顺应地域特色的生产方式内化而成的文化生活方式，通过法自然、重人伦等天人合一的自然理念，亲缘与地缘关系、祖先崇拜等人伦道德，内在传递与延续，也受他者文化的影响，与当前城乡文化共同交织，相互影响。

近些年来，簕山古渔村每年农历除夕举行祭祖、农历二月初二举办祭奠等活动，村民无论身在何方，都会以家庭为基本单元，参与其中。随着簕山村的旅游开发，一些特殊节日也吸引了游客的参观，如每年农历二月初二的活动，除了村民，游客也会成为活动的座上宾，受邀请参与整个仪式，实现城乡文化相互接触和互动交流。村里的传统产业，如沙虫、青蟹与文蛤等海洋农业产品以不同的加工形式进入周边城市的餐饮市场，乡村旅游热潮、传统文化体验、农产品市场化的流行，即城乡二元边界开放下交流与共享的生动例证。

在这种交流与共享中，城乡关系已经不再是简单的二元对立，且城乡文化仍旧存在边界，但要以城带乡，缩小城乡差距，还要让城市更像城市，乡村更像乡村，以实现工农互促、城乡互补、协调发展、共同繁荣的新型工农城乡关系，各美其美。乡村文化传承创新从本质上来讲就是乡村文化与城市文化间的对话交流。当前，城乡关系不再是城市对乡村的矮化、倾轧和剥夺，而是城市与乡村互为补充，共同撑起人类文明进步的大厦。城乡文化也不再有高低之分，而是各有千秋，平等互利。我们需要的不是文化单一的乡村和谐，而是将现代与传统、都市与田野、全球与地方进行合理的结合，孕育出独特的、多样且具有时代气息的新型乡土文化。

然而，长期以来，在城乡二元结构中，乡村被视为倾圮的一方，城乡文化彼此间存在隔膜乃至对立。“帝乡明日到，犹自梦渔樵。”在乡下人进城和城里人返乡的双向流动中，人们往往厚此薄彼。一方面，城市文化对乡村文化的强势介入，使乡村在追赶城市文化的过程中不断消减其多元功能和价值。另一方面，我们在追求“乡性”“土性”“村性”中一味地抵触城市文化，可能会使乡村文化难以融入“现代”或“主流”。乡村文明与城市文明共同构成人类文明的一部分，两者在发展过程中必然是相互影响、相互汲取，故在乡村振兴的过程中，乡村将与城市有更为广泛、深层的文化接触，汲取、融入城市文化优势是传承创新乡村文化资源的重要途径。因此，打破城乡文化边界，一方面要抛弃以往既定的假设、放下习惯性的评判，以及因此而形成的文化偏见，促进城乡文化的价值认同和融合共享。另一方面，要寻找更为包容的策略，构建城乡文化的互哺机制，推动现代城乡文化共同体建设。现如今，自南宁市启程，走高速公路全程不用三小时便可直达簕山古渔村。游客上午还沉浸在“巍然江畔峙，形胜甲南州”的青秀山水邕景，下午即沉溺于簕山古渔村“橘色的海”。

各民族、地区间的文化交往交流交融已成为当今主流，以发展打破城乡物理边界，保障城乡个体之间平等地享有文化资源、自由地参与文化生活，打造丰富、多元、饱满、富有活力的乡村文化。因此，在推动乡村文化振兴过程中，要坚持多元共生、共同繁荣的文化振兴理念，既要促进城乡文化的共建、联办与共享，形成富有特色的区域文化整体，也要积极融入域外文化，促进文化相通、民心共鸣、永续发展。

三、数字化嵌入中推动传统文化空间现代转型

科技进步是社会文化传承创新和文化事业发展的推动力，以现代技术引领乡村现代化已是共识。簕山古渔村的发展规划，已由普通的资源驱动型的农家乐逐渐转型为建设北部湾城市群下共享的民俗村、田园综合体，将城市数字化技术与理念引入乡村，构建新型的数字城乡交互空间。我们已经看到并深刻体会到技术

对于乡村社会带来的变化，将乡土文化与现代科技联姻，不仅有效地提升了人们的生活质量，而且促进了传统文化的复兴。簕山古渔村李氏宗族一直以来以“螃蟹地”型风水宝地，对簕山古渔村庄自然资源与规划形态进行巧妙描述，通过民用无人机可直观地向众人展示出当地文化生态的智慧与美好期许。

现代科技促进了簕山古渔村新业态的形成，改变了以往乡村社会服务、消费的方式，如借助现代网络广阔的覆盖，村内消费早已实现无现金模式，村民、游客可随时实现线上购物和社区团购。在传统耕作模式上，以往每到车螺投苗、产出的季节，全靠人力在浅滩上劳作，费时耗力；如今随着新设备的引进，一辆小型挖螺设备一天之内就可完成几十人一天的工作量。现代技术也是实现传统文化空间现代化转型的重要路径，利用数字化技术实现乡村数字空间联动与展示，可以链接村内村外，实现乡村线上转型。传统文化传承主要通过口口相传、言传身教，效率低下，也很难得到年轻人的关注；而通过技术引入，既能提高文化传承效能，又推动乡村文化资源社会共享和开发。

四、中国式现代化中推动乡村文化聚民

中国式现代化的乡村是以人为本的现代化，乡村社会的主体是农民，乡村文化振兴主要目标是要满足当前农民对美好生活的向往，通过文化为民、文化在民达到文化聚民。

首先，要文化为民。新时代中国社会主要矛盾已经转化为人民日益增长的美好生活需要和不平衡不充分的发展之间的矛盾，具体到农村文化领域，就是农民日益增长的精神文化需求与不平衡不充分的发展之间的矛盾。了解和关注农民文化生活的需求是文化为民基本要求。一些地方的新农村建设，往往对于“改路”“改厕”“改房”等硬件建设乐此不疲，但对于农村文化建设重视不足，造成了农民生活单调，农民生活质量不高。事实上，农民不仅需要舒适的人居环境，更需要更丰富的、喜闻乐见的精神文化生活，因此，中国式现代化的乡村文化必须满足社会的精神文化需求。乡村社会在地化精神文化需求，才是乡村文化继承

和传播的土壤和动力来源。

其次，要文化在民。“皆聚族而居，族皆有祠，此古风也”，簕山古渔村的乡民对故土及传统文化情感真挚，他们返乡创业，就近就业，在政府支持下，对当地特有的海洋资源禀赋进行在地化改造，为当地重新带来“人气”。而乡村文化振兴最为重要的是“人气”兴旺，要留住农民，不能单讲“情怀”，进而忽略他们生产发展自主权。过往的乡村建设实践，农民在很多情况下从文化持有者变为旁观者，成了文化建设中的“外人”，无法从建设中获得利益，也容易产生排拒。因此，要实现文化兴村和文化留人就要发展文化产业，如生态景观产业、民族工艺品产业、红色文化产业、农村旅游产业以及新兴互联网产业等，促进资本、技术和文化的跨界融合，创新“文化+”模式，推动文化产业经济发展，实现产业富民，激发乡村发展内在的活力。与此同时，要尊重其他文化建设主体，激活参与乡村文化建设的积极性。乡村文化振兴除了要关注农民主体地位，还要关注在乡村文化振兴中发挥作用的各类主体，如政府、企业、社会团体、新移民等，深入了解他们在振兴乡村文化过程中的需求、想法、态度，尊重广大群体意愿，深入观察他们在乡村文化资源传承创新实践中的积极性、主动性、创造性，以期形成促进乡村文化振兴之合力。

最终，要实现文化聚民。在传统社会里，乡村是以血缘、地缘与业缘为纽带的区域共同体，社区结构简单、人口同质性较高、社会流动缓慢。新中国成立以来，农村经济社会发展迅速，作为农村社会基本单元的村落也随之发生巨大变迁和转型。尤其是改革开放四十多年来，随着城镇化、工业化发展以及大规模撤并村庄，传统村落的村域范围不断扩大且边界日益模糊，村民的社会流动性不断加强，乡土熟人社会逐渐被日益“空心村”“原子化”“老龄化”的农村所取代。从村落精英到大量青壮年村民以及少年儿童的离村进城经商、务工或求学，导致农村文化资源传承后继乏人。如果乡村文化无人继承，又何以坚守？文化悦民、文化惠民，最终要实现的是文化聚民。没有人的乡村、没有文化的乡村，即便建设再好，也只是一座“辉煌的废墟”。

根据钱穆先生的理解："文化便是一存在，便是一持续，一传统。"乡村文化的"存在"，体现在它作为一个社会和文化单元，孕育了中华文明丰富多样的历史传统、生活方式和精神价值。乡村文化的"持续"，则在于它作为一种乡土记忆，代代相传，永不终止。乡村文化的"传统"，则以独特的方式反映了乡村社会的特色和本土文化的精神。而乡村的价值和振兴，必然要建立在对其多元性、丰富性、融合性和整体性的深入理解上。因此，乡村的振兴，从来都不是"一日之功"，而是以文化为桥，链接乡村的过去与现在，激发乡村的活力和创新，努力探索，建设一个有文化根基、有乡土记忆、有乡村特色的中国式现代化乡村。

参考文献

一、著作类

[1] 陆益龙 . 农村社会学 [M]. 北京：中国人民大学出版社，2019.

[2] 卢岩，李心艳 . 防城港文化遗产丛书：非物质文化遗产部分 [M]. 南宁：广西人民出版社，2010.

[3] 王铭铭 . 村落视野中的文化与权力：闽台三村五论 [M]. 北京：生活 · 读书 · 新知三联书店，1997.

[4] 郑一省 . 婚姻家庭与亲属制度 [M]. 广州：世界图书出版广东有限公司，2021.

[5] 刘容子 . 中国区域海洋学：海洋经济学 [M]. 北京：海洋出版社，2012.

[6] 费孝通 . 江村经济：中国农民的生活 [M]. 北京：商务印书馆，2001.

[7] 梁治平 . 清代习惯法：社会与国家 [M]. 北京：中国政法大学出版社，1996.

[8] 贺雪峰 . 新乡土中国 [M]. 桂林：广西师范大学出版社，2003.

[9] 勃洛尼斯拉夫 · 马林诺夫斯基 . 两性社会学 [M]. 李安宅，译，上海：上海人民出版社，2003.

[10] 勃洛尼斯拉夫 · 马凌诺斯基 . 文化论 [M]. 费孝通，译，北京：华夏出版社，2002.

[11] 马雷特 . 心理学与民俗学 [M]. 张颖凡，汪宁红，译，济南：山东人民出版社，1988.

[12] 罗伯特 · 芮德菲尔德 . 农民社会与文化：人类学对文明的一种诠释 [M]. 王莹，译，北京：中国社会科学出版社，2013.

[13] 卡尔 · 波兰尼 . 大转型：我们时代的政治与经济起源 [M]. 冯刚，刘阳，译，杭州：浙江人民出版社，2007.

[14] 马克 · 格兰诺维特 . 镶嵌：社会网与经济行动 [M]. 罗家德，译，北京：社会科学文献出版社，2015.

[15]TöNNIESF. Community and Civil Society[M]. Cambridge ：Cambridge University Press，2001.

[16]DURKHEIME. The Division of Labour in Society[M]. London ：Macmillan Education，2013.

[17]SOROKINPA，Zimmerman C.C. Principles of Rural-urban Sociology[M]. New York：Henry Holt and Company，1929.

二、期刊论文类

[1] 胡晓亮，李红波，张小林，等 . 乡村概念再认知 [J]. 地理学报，2020（2）.

[2] 赵旭东，孙笑非 . 中国乡村文化的再生产：基于一种文化转型观念的再思考 [J]. 南京农业大学学报（社会科学版），2017（1）.

[3] 刘忱 . 乡村振兴战略与乡村文化复兴 [J]. 中国领导科学，2018（2）.

[4] 刘荣昆 . 彝族树木崇拜的多元文化意涵及其乡村治理功能 [J]. 贵州师范大学学报（社会科学版），2017（6）.

[5] 张柳丹，段超 . 桂西北地区“认契”习俗及其功能探究：以河池市都安永乐村为例 [J]. 长江师范学院学报，2019，35（4）.

[6] 宾长初 . 清代妈祖信仰在广西的传播及其观念变迁 [J]. 中国边疆史地研究，2016，26（1）.

[7] 高崧耀，覃思琰 . 远去的神灵：广西昭平县仙回瑶族乡茅坪村社王信仰

研究 [J]. 广西民族师范学院学报，2016，33（1）.

[8] 员宁珠，吕莉华，罗培敏 . 被“古”韵味“渔”文化点亮的簕山渔村 [J]. 生态文明世界，2016（1）.

[9] 郁晓晖，张海波 . 失地农民的社会认同与社会建构 [J]. 中国农村观察，2006（1）.

[10] 冯媛 . 婚姻的本质：婚姻不能承受之重 [J]. 家族企业，2020（12）.

[11] 谢万忠，包函灵，潘锦民 . 防城港市新农村建设与旅游开发研究 [J]. 中国市场，2015（47）.

[12] 袁小平，吕益贤 . 关系网络与中国乡村社会关系变迁 [J]. 安徽农业科学，2008（3）.

[13] 郝国强 . 优序求助：互联网时代的乡村互助关系重构 [J]. 思想战线，2020，46（2）.

[14] 黄秀波 . 秩序与失序：民族村落旅游景观的表征与生产 [J]. 中南民族大学学报（人文社会科学版），2020（3）.

[15] 韦诗誉 . 人类学视野下的乡村聚落景观研究：以龙脊村和弗林村为例 [J]. 风景园林，2018（12）.

[16] 陈昭 . 场所与空间：景观人类学研究概览 [J]. 景观设计学，2017（2）.

[17] 河合洋尚，周星 . 景观人类学的动向和视野 [J]. 广西民族大学学报（哲学社会科学版），2015（4）.

[18] 刘丹 . 旅游景观“制造”与地方认同 [J]. 新西部，2019（23）.

[19] 谢小芹 . 旅游景观是如何被制造出来的 ?——基于黔东南州 J 村苗寨旅游开发的实证调研 [J]. 中国行政管理，2017（1）.

[20] 吴必虎 . 论旅游景观 [J]. 社会科学家，1987（4）.

[21] 杨庆媛，张荣荣，苏康传，张汇明，王文鑫，张浩哲 . 基于巴渝民宿的乡村营造研究 [J]. 西南大学学报（自然科学版），2021（7）.

[22] 汤国荣，章锦河，孙晋坤，彭红松，张瑜 . 旅游地民居景观形态演变中

的旅游地方化建构：基于地方口述史的哈尼蘑菇房案例 [J]. 热带地理，2016（4）.

[23] 黎年茂 . 神话 · 仪式 · 景观：壮族民俗体育“蚂拐舞”现代转化人类学阐释 [J]. 体育科技，2020（1）.

[24] 毛妙维，朱坚真 . 加强海洋产业合作，共同发展环北部湾海洋经济 [J]. 云南社会主义学院学报，2012.

[25] 高国霞，刘湘桂，周红波 . 北部湾海洋渔业经济预测体系构建研究 [J]. 江西水产科技，2018（3）.

[26] 秦红增，唐剑玲 . 瑶族农民的生计转型调查研究：以广西大化县七百弄布努瑶为例 [J]. 广西民族学院学报（哲学社会科学版），2006（1）.

[27] 张海云 . 社会转型期贵德汉族生计方式的多元化 [J]. 宁夏师范学院学报，2008（2）.

[28] 梁广耀 . 广西沿海方格星虫资源的初步调查 [J]. 广西农业科学，1990（1）.

[29] 陈远，王志松，李大成，王军，薛克，张绍臣，李成军，邵铁凡 . 文蛤滩涂围网养殖技术研究 [J]. 河北渔业，2009（3）.

[30] 张明坚 . 文蛤养殖技术 [J]. 中国水产，2013（12）.

[31] 黄辉祥 .“民主下乡”：国家对乡村社会的再整合——村民自治生成的历史与制度背景考察 [J]. 华中师范大学学报（人文社会科学版），2007（5）.

[32] 徐勇 . 县政、乡派、村治：乡村治理的结构性转换 [J]. 江苏社会科学，2002（2）.

[33] 叶敏，娄芹芹 . 村级组织负责人“一肩挑”：实施机制与制度效应 [J]. 地方治理研究，2021（3）.

[34] 孔有利，刘华周 . 农村社区股份经济合作社产权分析：以江苏省村级集体经济组织股份合作化为例 [J]. 中国农学通报，2010，26（23）.

[35] 陈磊，曲文俏 . 解读日本的造村运动 [J]. 当代亚太，2006（6）.

[36] 沈费伟，刘祖云 . 发达国家乡村治理的典型模式与经验借鉴 [J]. 农业经

济问题，2016（9）.

[37] 郑炀和 . 论乡村精英与乡风文明建设：从权威与秩序的视角 [J]. 宁波大学学报（人文科学版），2009，22（3）.

[38] 耿磊磊 . 驻村工作队嵌入乡村治理的本土实践：基于皖南 L 乡的实地调研 [J]. 行政与法，2021（7）.

[39] 宋才发 . 习惯法在乡村治理中的法治功能探讨 [J]. 广西民族研究，2020（2）.

[40] 庄孔韶，方静文 . 从组织文化到作为文化的组织：一支人类学研究团队的学理线索 [J]. 浙江大学学报（人文社会科学版），2012，42（5）.

[41] 吴业苗 ."民生为先"：乡村治理的基本遵循：兼论乡村振兴中的实践问题 [J]. 社会科学战线，2022（6）.

三、学位论文类

[1] 赖伊婷 . 平乐县妈祖文化传播研究 [D]. 南宁：广西大学，2019.

[2] 刘静静 ."过山置水"：广西龙胜县龙脊红瑶小寨的村落空间营建 [D]. 桂林：广西师范大学，2018.

[3] 吴艳芳 . 我国海洋渔业政策转移的目标和途径研究 [D]. 青岛：中国海洋大学，2011.

[4] 李涓 . 广西北部湾海洋生态补偿法律制度研究 [D]. 南宁：广西民族大学，2020.

[5] 韦文芳 . 制约防城港市捕捞渔业和沿海渔民生计发展的因素分析与对策研究 [D]. 北京：中国农业大学，2006.

[6] 周家明 . 乡村治理中村规民约的作用机制研究 [D]. 南京：南京农业大学，2015.

后　记

羊城四月，紫荆飘香，景有姹紫嫣红，人有悲欢离合。思故人，缅前辈，叹世事无常。本书得以出版，要感谢的人太多，借此机会，想对多年来一直关心和帮助我的师长、朋友、学生表示衷心感谢。

忆师恩

导师秦红增是领路人，在求学、工作上给予我莫大的支持与帮助。2011 年冬季，我与老师在中国人类学年会的一次防城港东兴市调研中相识，那年我刚进入民族学专业攻读硕士，当时东兴的北仑河两岸摆满了琳琅满目的越南小商品，游客络绎不绝。碰巧路上遇见一位越南阿婆在卖“毛蛋”，老师带领我们体验“异文化”，一边和阿婆聊着生活生意情况，一边吃着“酸甜可口”的“毛蛋”，我只浅尝一口，他还开玩笑地说要敢于做“第一个吃螃蟹的人”。东兴归来不久，导师便带着学生开展中越边民跨境小商品贸易调研，后来他带领团队申报了国家社科基金“中越边境陆路口岸贸易与特色城镇带建设研究”项目，提出“中越边境城镇带建设”的建议被纳入广西“十三五”规划。除了边境贸易研究，他还长期致力于民族地区乡村变迁、文化传承研究，关注了科技下乡、传统手工艺在农村社会发展的作用等，提出了文化农民、乡村新文化空间等具有前瞻性的概念。随着乡村振兴战略的提出，乡村文化建设受到前所未有的重视，他带领团队成功申报了 2018 年度国家社会科学基金重大项目“乡村振兴背景下我国农村文化资源传承创新方略研究”，谁知在项目即将结题之际，秦老师却因病永远地离开了我们……我与学生陆陆续续在防城港市的簕山古渔村完成了长达五年的跟踪调研。也正是当初老师的鼓励和支持，我先后顺利完成了菲律宾华人社区、胡龙杜汉渔村的田野调查。斯人虽逝，却化作指路明灯继续指引我们奋斗向前，铭记师恩！

思故人

原防城港市旅游发展委员会副主任梁云是秦老师的好友，他一生热衷于民间文化保护，曾担任防城港市财政局副局长，后转向文旅工作，我们依旧习惯称他“梁局”。2015 年，我们跟随着梁局在钦州市、防城港市皇城坳、潭蓬等地方调研广西北部湾的古水运体系，一路上他如数家珍般地向我们介绍各地段古运河的历史背景、现状，阐述了自己对保护并激活古运河文化价值的构想。2018 年起，梁局陪同我们课题组到簕山古渔村开展调研达十余次。簕山古渔村是他曾经“驻点挂村”的地方，经过十几年的文旅改造，簕山已从落后的边陲小渔村发展成远近闻名的“中国美丽休闲乡村”，他常常开玩笑说“簕山就是我的第二个孩子”。然而造化弄人，2021 年我们想要再次拜访梁局时才得知他当时已重病在床，无法语言交流，但他仍通过微信回复信息给予指导。如今，梁局已和我们阴阳两隔，希望此书的出版能告慰您多年的付出！

谢同行

感谢广西民族大学民族学与社会学学院 18 级人类学班的学生慕丹妮、罗润秋，她们二人从 2020 年起利用节假日跟随我前往簕山古渔村开展深度调研，并以调研材料为基础完成毕业论文；18 级民族学班莫国俊，19 级民族学班黎胤辰、姚有团，广西师范大学莫世霖同学也参与了 2021 年暑期的田野调查。莫国俊协助完成第五章的田野调查报告与全文查遗补漏工作，慕丹妮参与了一、四、五章的田野调查报告，罗润秋参与了第二、三章的田野调查报告，黎胤辰、姚有团、莫世霖协助搜集了第一章相关田野调查素材。如今，他们中有些已步入新的工作岗位，有些继续在学业上深造，在此，祝愿他们在人生新的起点上不忘初心，砥砺前行！

感谢时任防城港市企沙镇镇长吴能文、武装部长陈仕民、牛路村村支书苏树建等配合我们的田野调查；簕山古渔村原退休老教师李元军为我们提供了簕山族谱及簕山民俗资料，李老师不顾酷暑，在耄耋之年仍坚持带领我们前往妈祖庙实地调研；感谢簕山古渔村村民对我们田野调查的支持和帮助，特别是李香山、李香安及其家人对调研组的悉心照顾。

感谢广西民族大学民族学与社会学学院对我这些年求学及工作的大力支持和培养，感谢郝国强教授为这本书调研及出版给予的大力支持，感谢王柏中教授、龚永辉教授、吕俊彪教授、滕兰花教授、欧阳常青教授、黄兰红教授、杨小君博士等师长、同事的支持，感谢李穗梅、陈彪博士、曹晗博士等同门好友给予本书出版和写作中的帮助。同时，感谢我目前所在单位广东省农业科学院农业经济与信息研究所的领导同事给予的理解和协作，感谢家人的理解和支持！

我们像种子一样

一生向阳

在这片土壤

随万物生长！

杨琴

2023 年 4 月于广州

图书在版编目（CIP）数据

新文化空间的重塑与创新：以广西簕山古渔村为例 / 杨琴等著. -- 北京：民族出版社，2023.7

（乡村互联网系列丛书）

ISBN 978-7-105-17016-6

Ⅰ. ①新… Ⅱ. ①杨… Ⅲ. ①互联网络－应用－渔业经济－广西 Ⅳ. ①F326.476.7-39

中国国家版本馆CIP数据核字（2023）第125516号

新文化空间的重塑与创新：以广西簕山古渔村为例

策划编辑 陈　萱
责任编辑 陈　萱
封面设计 金　晔
出版发行 民族出版社
地　　址 北京市和平里北街14号
邮　　编 100013
网　　址 http://www.mzpub.com
印　　刷 北京中石油彩色印刷有限责任公司
经　　销 各地新华书店
版　　次 2023年7月第1版　2023年7月北京第1次印刷
开　　本 787毫米×1092毫米　1/16
字　　数 215千字
印　　张 13.5
定　　价 58.00元
书　　号 ISBN 978-7-105-17016-6 / F·491（汉383）

该书若有印装质量问题，请与本社发行部联系退换
编辑室电话：010-64228001　发行部电话：010-64224782